RECLAM-BIBLIOTHEK

Horst Drescher, geboren 1929 in Olbersdorf bei Zittau, lernte Werkzeugmacher, besuchte die Arbeiter-und-Bauern-Fakultät und studierte 1953 bis 1957 bei Hans Mayer, Theodor Frings und Hermann August Korff Germanistik. Nach einem Zwischenspiel beim Mitteldeutschen Verlag in Halle ließ er sich in Leipzig nieder. Seit der abgesetzten Premiere seines Stückes »Studenten« und einem Film über die Leipziger Universität, der in den Archiven der DEFA verschwand und nun verschollen ist, gab es Leute, »die mit verbissener Energie darauf achteten, daß seine Publizität als Mensch der Literatur nicht über das Leipziger Stadtquartier hinausdrang, in dem er lebte« (Wulf Kirsten). Erst ab 1980 bestand für Drescher die Möglichkeit, eigene Texte in der Zeitschrift »Sinn und Form« zu veröffentlichen. In der »Edition Neue Texte« erschienen dann 1987 nach gründlicher Aussiebung etwa 500 seiner Notizen unter dem Titel »Zirkus Leben«. Sein Band »Malerbilder« (1989) – eine Galerie eigenwilliger Köpfe – versammelte u. a. Porträts von Theodor Rosenhauer, Wilhelm Rudolph, Gerhard Hesse.

Diese Auswahl kurzer Posa vereint Texte aus Horst Dreschers Roman der Erinnerungen »Im Viebig« und glänzend geschriebene, teilweise unveröffentlichte Essays.

Horst Drescher

Regenbogenpapiermacher

Kurze Prosa

RECLAM VERLAG LEIPZIG

ISBN 3-379-01539-3

Reclam-Bibliothek Band 1539
1. Auflage, 1995
Reihengestaltung: Hans Peter Willberg
Umschlaggestaltung: Matthias Gubig, unter Verwendung eines alten Familienfotos und eines Marmorpapiers von Gerhard Hesse
Gesetzt aus Meridien
Satz: BFS Service Chemnitz
Druck und Bindung: Ebner Ulm
Printed in Germany

INHALT

In nächtlichen Stunden

In nächtlichen Stunden denke ich an eine Literaturgeschichte all jener Bücher, die nicht mehr geschrieben wurden. Eine Literaturgeschichte all jener Geschichten und Gedichte und Romane, die geschrieben worden wären, wenn die Parzen einem Menschen noch einmal Pardon gegeben hätten, eine Frist der Gnade. In dieser Literatur stünde, worauf es ankommt, das Wahre, das Wesentliche. Und nur durch dieses Nicht-mehr-gestattet-Bekommen wäre es an den Tag gekommen; eine herzabschnürende Dialektik.

Aber die Parzen gaben nur noch die Frist zu wissen: Ich habe auf Erden nicht das getan, was zu tun meine Aufgabe gewesen wäre und was nur ich hätte tun können. – Das sind die im Winde klirrenden Fahnen, wie einer von ihnen gesagt hat. Einer, dem die Parzen viel tote Zeit ließen, grauenvoll viel tote Zeit.

Etwas Völkerpsychologie

Auf unserer Hausbank wurden aber nicht nur Karnickel- und Karnickelfutterprobleme besprochen, auf unserer Hausbank wurde auch Völkerpsychologie getrieben!

Auf unserer Hausbank habe ich an langen Sommerabenden erfahren, daß der Italiener unzuverlässig ist, südländisch-faul und unzuverlässig, vor allem als Verbündeter; so sauber wie der Deutsche war er natürlich auch nicht, dafür singt er gern, mehr noch als der Deutsche, und im Gegensatz zu uns immer Heiteres, Lebenslustiges, eben so Neapolitanisches, man hört es ja im Radio. Weil diese südlichen Völker zur Oberflächlichkeit neigen durch das Klima. Sie haben gar keine Lieder wie: Am Brunnen vor dem Tore Da steht ein Lindenbaum ... und Ich weiß nicht, was soll es bedeuten Daß ich so traurig bin ... und eben: Oberlausitz, geliebtes Heimatland ... Etwas Genaueres wußte man im Viebig nicht über den Italiener, es hatte noch keiner etwas mit ihm zu tun gehabt, weder mit dem Italiener an sich, noch mit einem einzelnen, nur eben Benito Mussolini, den kannten alle aus der Wochenschau. Aber das wird sich ja bald ändern, Vater wird Griechenland kennenlernen als Soldat und Kreta, diese Insel, dort wohnen Griechen, auch Südländer, eine Art Italiener also, nur eben keine Verbündeten.

Der Russe war anscheinend auch nicht so ordentlich wie wir, natürlich auch nicht so fleißig und tapfer, das hatte zuletzt die Schlacht bei Tannenberg gezeigt durch Hindenburg. Hindenburg hatte sie alle in die Sümpfe getrieben und in die Masurischen Seen. Eigentlich war er nur träge und gutmütig, der Russe gab das Letzte, wenn er damit jemandem helfen konnte, eben seelengut, aber immer irgendwie auch unberechenbar, das war das Slawische an ihm. Als Gefangener war er anstellig, wenn auch unselbständig, da mußte immer ein Deutscher dahinterstehen. Darum hatte man auch zu allen Zeiten die Deutschen ins

Land gerufen, also die Zarin hatte sie gerufen, das war ja eine Deutsche. Rasputin auch, Schöne-Herta hatte ein Buch über Rasputin, oder sie hatte sich mal eins geborgt gehabt, sie konnte jedenfalls davon Sachen erzählen! In den russischen Schlössern muß es ja zugegangen sein, dazumal.

Also die Wolhynien-Deutschen, sie hatten dort die größten Höfe, die saubersten Dörfer, die Siebenbürger Sachsen auch, alles steinreiche Bauern, da konnten die Einheimischen nur staunen. Sie wurden jetzt alle heimgerufen ins Reich, obwohl wir ja an und für sich zuwenig Land haben; na, der Führer wird sich schon etwas gedacht haben dabei, Arbeitskräfte wurden ja gebraucht; und es waren Deutsche, wenn auch keine wie wir, also Reichsdeutsche. Sie waren auch so altmodisch angezogen, so dunkel, vor allem die alten Frauen, so schwerfällig, so redeten sie auch. Sie kannten es eben nicht besser. Und schwermütig war der Russe, sang gerne solche schwermütigen Lieder, vor allem als Gefangener und vor allem abends; wer im Kriege russische Soldaten bewacht hatte, der konnte davon erzählen. »Der Zarewitsch« hieß so ein Lied von Franz Lehár auf dem Grammophon. Was nach dem Kriege in Rußland vor sich gegangen war, also Stalin und die Hungersnöte an der Wolga, das war kein Gegenstand der Unterhaltung, das war politisch. Herr Ebschbach, der darüber geschult war, der saß nicht mit auf unserer Hausbank, und alle wußten schon warum; Großmutter hatte mal gesagt: »Der und Schön-Kurt, wie Hund und Katze!« Und Herr Hänsch und seine Frau, die das alles ja erlebt hatten, sie erzählten niemals von ihren Jahren in der Ukraine, obwohl alle wußten, daß sie mal Kommunisten gewesen waren. Sie kamen auch nicht in den hinteren Viebig am Abend, vielleicht waren sie noch Kommunisten insgeheim. Der Pole wurde mit dem Russen abgemacht, auch unselbständig, da mußte auch immer der Deutsche dahinterstehen, keinen rechten Sinn für Zucht und Ordnung und Disziplin, das ist das slawische Blut, dafür konnten sie gar nicht; das besagt ja auch schon der

Ausdruck »polnische Wirtschaft«. Man sieht es doch bei den Nowaks: obwohl Herr Nowak mehr ein Oberschlesier war, ein Sorbe, ein Wende, mit seinem Deutsch war es jedenfalls nicht weit her, und die Milch, die sie verkauften, die roch so streng, und so sah die Kuh auch aus. Aber als Saisonarbeiter in der Landwirtschaft, auch in den Ziegeleien, da war er an und für sich fleißig, der Pole, auch die Frauen, auch die Kinder.

Wie der Franzose ist, das hätte Großvater erzählen können, vier Jahre in Frankreich sind eine ganz schöne Zeit, da lernt man die Franzosen kennen. Aber Großvater erzählte nur ungern vom Kriege, höchstens mal von seiner Kompanie, als sie für ein paar Wochen herausgezogen worden waren aus der Frontlinie, aus den Schützengräben in der Champagne, da haben sie sich Häuschen gebaut, mehr so Baracken, aber liebevoll gezimmert mit Sprüchen über der Eingangstür und davor Blumenbeete. Davon hatten wir eine Postkarte, Großvater als Krieger, Gewehr bei Fuß. Und nach seiner ersten schweren Verwundung haben sie im Lazarett einen elenden Fraß gekocht! Unsere! Er erzählte niemals von einer Schlacht oder von den Franzosen, er rauchte seine halblange Pfeife auf der Bank, hörte zu, wie andere vom Kriege erzählten, nickte zustimmend, wenn er gefragt wurde, höchstens mal ein Satz Kommentar. Großvater war zweimal verschüttet gewesen in einer deutschen Gegen-Mine, als Sappeur, es waren doch Bergleute gewesen hüben und drüben. Ja, die drüben waren eben gewichster gewesen, waren schneller ran, haben eher gezündet! Das war schon alles.

So erzählten die vom Franzosen, die nicht in Frankreich gewesen waren, noch nicht. Schramm-Willy konnte erzählen und seine Lisbeth, hatten sie doch einstmals ihre Hochzeitsreise ins Rheinland gemacht, ein Hauswirt hat Geld! Leichtlebig sind die Rheinländer, vor allem die Rheinländerinnen, und von da ist es ja nicht mehr weit bis zur Französin, also Paris! Dort wird getanzt, hier, die Röcke vorne hoch! Man hat das ja schon gesehen im Kino, und wie sie dazu kreischen vor Vergnügen, und geschminkt!

Alles, was einen Rock anhat, geschminkt, die Lippen und die Fingernägel auch, alle durch die Bank, ob jung, ob alt, keine schämt sich, manche sogar die Zehennägel geschminkt! Dort trinkt man Wein, wie ein normaler Mensch Bier trinkt, vor allem Rotwein, sogar schon die Kinder, eben leichtlebiges Volk. Zum Karneval versetzt der Rheinländer alles, da konnte Lisbeth Beispiele erzählen von einer Familie, die noch viele Jahre lang Postkarten geschickt hatte; alles wird verpfändet und verkauft, nur damit weitergefeiert werden kann und getanzt die ganze Nacht hindurch. Tag und Nacht, bis alles durchgebracht ist, vielleicht sogar noch Schulden gemacht sind, wer weiß wie hoch. Das ist das Blut, da kann man gar keinen Vorwurf machen. So ein Gespräch blieb lange und gerne bei der Französin, da glänzten die Augen; es war ja auch irgendwie zum Empören, wie sie alles verjuxen und vertanzen. Zu dieser Stunde kam auch schon mal Schön-Kurt das Kleine Wegel herunter, er hatte vielleicht das Lachen gehört durch die Gärten und das laute Erzählen; natürlich kam er gleich im Schlosseranzug und mit einem Kasten Bier, den trug er so an zwei Fingern. Einen Witz machte er schon aus der Ferne. Die Erwachsenen erinnerten sich jetzt daran, daß wir Kinder noch immer nicht in den Betten lagen. Oder wir wurden nach Karnickelfutter geschickt, aber große Körbe! Vom Straßengraben aus hörten wir dann das Gelächter, das Aufkreischen der Frauen nach Herrn Schönes heller, vergnügter Stimme. Das war also die Französin.

Der Österreicher war übrigens der geborene Gebirgsmensch, also ursprünglich Gebirgsmensch, es lebten ja viele Österreicher inzwischen in Wien. Und natürlich in Braunau am Inn. Im Grunde auch sehr zuverlässig, sauber, fleißig und treu, also fast Deutsche, vor allem seit der Führer sie heimgeholt hat, seit sie heimgekehrt sind ins Reich, in ihre Ostmark. Tapfer war er auch, der Österreicher, vor allem als Gebirgsjäger, vierzehn bis achtzehn gegen die Italiener. Ja es hatte Fälle gegeben am Isonzo, da war der Österreicher ein ausdauernderer Kämpfer gewesen im

Hochgebirge als wir. Dort kannte er sich auch aus, der Tiroler. Das hatte Tradition seit Andreas Hofer, der Sandwirt, durch Verrat erschossen von den Franzosen. Zu Mantua in Banden.

Vom Engländer wurde nur ungern gesprochen, der war nicht angenehm und schwer zu durchschauen durch seine Insellage. Der Engländer schien auch so eine Art Deutscher zu sein, nur daß er eben Englisch redete und in England lebte. Und in Indien. Es war bald so ein Fall wie die Holländer und die Schweden. Hinterhältig hatte er sich gegen Ohm Krüger benommen, gegen die Buren in Afrika, dadurch hatten die auf verlorenem Posten gestanden trotz aller Tapferkeit. Oranje, Transvaal. Aber man mußte den Engländern lassen, daß sie begabt waren und erfinderisch und tüchtig. Doch was nützte uns denn seine Tüchtigkeit und Begabtheit, wenn er gegen uns ist. Er war schon immer gegen uns, nicht nur vierzehn bis achtzehn; unsere Kolonien hatte er uns auch weggenommen. Der Engländer war sozusagen aus der Art geschlagen, vor allem wohl durch die Juden. Nur als Jagdflieger war er ritterlich, da warf man sich gegenseitig Kränze ab, bei Richthofens Tod hatte es sich erwiesen, Freiherr von Richthofen, der Rote Kampfflieger. Die Skagerrak-Schlacht hatten wir gegen ihn gewonnen oder wenigstens nicht verloren, trotz seiner erdrückenden Übermacht, durch Admiral Scheer. Vor allem den Schlachtschiffen und Schweren Kreuzern hatten wir am Ende nur unsere Tapferkeit entgegenzusetzen gehabt und unseren Todesmut. Davon konnte man sich mit eigenen Augen überzeugen in der »Schauburg«, danach lief der Film in den »Prinzeß-Lichtspielen« in der Albertstraße. Damals hatte sich der Engländer im Schutze der Nacht zurückgezogen, also was Admiral Scheer nicht versenkt hatte, ehe er sich zurückzog. Es gab Postkarten, da hielt der letzte überlebende deutsche Matrose dem Feind die Reichskriegsflagge entgegen, angesichts des Todes. Wir hatten selber so eine schwarzweißrote Postkarte im Album. Daß es der Engländer immer nur mit der Übermacht machen konnte, das zeigte auch China. Aus irgendwelchen Gründen hatten dort mal Deutsche und Engländer Schulter an Schulter gekämpft, als es aber dann brenzlig wurde durch diese Boxer, da riefen die Engländer: »Die Deutschen an die Front!« Immer hatten wir die Hauptlast zu tragen im Kriege.

Ein unerklärliches Problem waren die nördlichen Völker; daß die verweichlichten südlichen Völker nicht mit uns gingen im Kriegsfalle, das war noch verständlich, aber warum standen unsere natürlichen Verbündeten uns skeptisch gegenüber? Die Schweden, die Dänen, also die Germanen, die Wikinger; die Norweger nämlich auch, die Holländer auch, es war wie unnatürlich. Sie sahen doch nordischer aus als die meisten von uns, alle blond und schlank, vor allem die jungen Frauen. Die Runen hatten sie auch erfunden, die ältesten Schriftzeichen der Welt. Sie hörten die Stimme des eigenen Blutes nicht mehr, wer weiß, wer sie verhetzt hatte, vielleicht die Engländer.

Die Chinesen, also die Mongolen, das war die gelbe Gefahr, früher waren das die Hunnen gewesen, die wir vernichtend geschlagen hatten auf den Katalaunischen Feldern irgendwo; jetzt waren sie meist Kulis, Rikscha-Kulis. Das betraf uns aber nicht; der Chinese lebte doch auf der anderen Seite der Weltkugel, zusammen mit dem Japaner. Wie die Neger, die lebten auf der südlichen Halbkugel, in Afrika, und werden erst wieder ein Problem, wenn wir uns unsere Kolonien wiederholen. Deutsch-Südwest und Kamerun, wo die Kameruner herkommen, die Erdnüsse. Und Togo.

Auf unserer Hausbank wurde viel und gerne vom Krieg geredet, da gab es erregte und fachkundige Debatten unter den Männern, wie wir den Krieg hätten gewinnen können, obwohl wir ihn an den Fronten eigentlich gar nicht verloren hatten. Es war Verrat gewesen, ein Dolchstoß in den Rücken aus der Heimat, dadurch war achtzehn, neunzehn die Schmach von Versailles uns über den Hals gekommen, die Systemzeit, vor dem Umsturz, ehe der Führer an die Macht gekommen war und alles mit einem Federstrich getilgt hatte. Nicht eine Mark bezahlten wir seitdem noch an unsere Feinde, nicht eine Mark.

Auf unserer Hausbank habe ich erfahren, daß der nächste Krieg ein ganz kurzer Krieg sein wird, im nächsten Kriege wird alles durch »Strahlen« entschieden, und zwar in der ersten Stunde. Vater konnte das erklären: Die feindlichen Flugzeuge werden durch Strahlen vom Himmel geholt, sie werden zerschmolzen. Die Tanks auch, die U-Boote auch, da fällt kein Schuß. Darüber gab es Bücher, Vater aber wußte das aus illustrierten Zeitungen, die Berliner Illustrierte Zeitung lag jahrgangsweise in Packen verschnürt im Kämmerchen; sie stammten aus der Tanzschule Barsch in Zittau, Vater hatte dort den Linoleum-Fußboden verlegt an seinen freien Wochenenden. Da drin war das alles in Fortsetzungsberichten dargestellt, mit Zeichnungen durch Fachleute. Aber diese deutsche Erfindung war noch geheim, sonst hätte sie ja der Feind gegen uns anwenden können.

»Doa ist der Krieg schunn oalle, und du bist noch goarne eigerickt!« Das war so ein amüsierter Ausruf unter vielen Ausrufen freudigen Erstaunens über die neue Zeit, denn alle wußten ja noch, was vier Jahre Krieg bedeutet hatten, für die Soldaten an der Front und für die Familien zu Hause. »Doa is die Mobilmachung noch goar ne richtsch raus, doa hoat Deutschland schunn gewunn!« Damit wären wir bei den Deutschen. Der Deutsche war fleißig, tapfer, zuverlässig, ehrlich und offen, tierlieb, treu und erfinderisch, der Deutsche war eben der Deutsche. Der Graf Zeppelin hatte zum Beispiel das Luftschiff erfunden, den Zeppelin, oder man nimmt die »Bremen«, das größte und schnellste Passagierschiff der Welt. Der Zeppelin hatte uns sogar einmal besucht. Es war ein Deutschland-Flug gewesen, obwohl er ja bis nach Südamerika fliegen konnte, wenn er wollte. In so einem zarten hellen Motorensingen hatte sich die weißliche Zigarre hoch oben unter den Wolken über Zittau hingeschoben. Alle hatten auf der Straße gestanden und gestaunt, was es nicht alles gibt und wie wir es mit unseren eigenen Augen sehen können, eben nicht nur im Kino. Vor allem aber, wir hatten es erfunden, es war eine deutsche Erfindung.

Wie wir waren im Viebig, na das wußten wir ja, das war kein Geheimnis, darüber wurde ganz offen gesprochen, natürlich vor allem immer über diejenigen, die gerade nicht mit auf der Hausbank saßen. Der und jener machte gerne eine Woche Kasse im Frühjahr, im Herbst auch, da dachte sich jeder seins, alle sahen doch, wie er todkrank im Garten herumwirtschaftete oder Holz holte aus dem Busche. Und Vaters Erfindungen waren eine brotlose Kunst, wir hätten können einen eigenen Garten haben, Schön-Kurt hatte uns ein Stück Land am Mittelweg angeboten; natürlich hätte das die ersten zwei, drei Jahre nur Arbeit gemacht, war ja viel Schlacke und Asche, sonst hätte er es uns wohl nicht angeboten. Und wer dauernd in Uniform herumläuft, der hat zwei linke Hände! Da wurde vorsichtshalber kein Name genannt, aber ich wußte, wer gemeint war, wegen solcher Bemerkungen kam Herr Ebschbach nicht mehr zu uns über Politik reden. Und von einem Kohlenhandel, der nichts brachte, konnte man sich einen Anderthalb-Tonner kaufen und ein neues Fuhrwerk, und spendabel war Kurt auch bei jeder Gelegenheit! Dabei sollte das Braunkohlefahren für Häbler und die Firma Wäntig angeblich nur die Unkosten decken. Und gebaut wurde hinten im Viebig auch fortwährend. Na! Aber wir waren ja nicht die Deutschen, wir waren nur die Leute im Viebig. Trotzdem waren wir Arier, wir gehörten zu einer Herrenrasse.

Die Tschechen haben wir vergessen, den Tschechen, aber der war eigentlich auch kein Gesprächsgegenstand. Bis zur Grenze war es nur eine Viertelstunde, jeder hatte Verwandte drüben oder gute Bekannte, und Großmutter saß auch mit auf der Hausbank. Also eines konnten wir ruhig zugeben, drüben im Böhmischen wurde besser gegessen, böhmische Küche! Auch das Bier, auch die Schlagsahne. Päckelsuppe als Mittagessen, das kannten sie hinter der Grenze nicht. Immer eine kleine feine Suppe vor dem Gericht, auch in der Woche Fleisch auf dem Tische, dafür rannten denen drüben die Hühner in der Stube herum, selten, daß man mal eine Gute Stube antraf in den Umgebindehäusern. Da mußte immer erst der Kram vom Viehzeug weggeräumt werden, wenn unverhofft Besuch kam, der Futtertrog, die Kiste mit den kleinen Gänsen. Aber immer Buchteln auf dem Stubenbalken, und was für ein Mehl! Da wurde auch gleich mal einem jungen Hahn der Kopf abgehackt für eine feine Nudelsuppe. Die Knödel mit Krensoße, das Krenfleisch! Die Quarkklöße mit Powidl, braune Butter drüber und Zucker! Aber eben keine Gute Stube für den Besuch wie in Sachsen, keine Sammeltassen in der Kredenz, kein Teppich, kein Grammophon, ein Radio schon gar nicht. – Sagen wir so: Andere Länder, andere Sitten!

Im Viebig

Dunkelstunde

Die Dunkelstunde, jene abendliche Dämmerstunde, in der ein jeder in der Familie mit sich und seinem Kram beschäftigt war, sie entstand durch Großvaters Sparsamkeitsregime. Großvater sparte überall und an allem; wozu Geld zum Haareschneider schaffen, wenn Kamm und Schere im Hause waren. Großmutters gekaufte Quirle besah er mißbilligend, als ob seine sauber geschälten Jungfichtenquirle schlechter wären; er kaufte ja auch seinen Pfeifentabak in Schlingen, das kam billiger, gepascht war er außerdem, nochmal paar Pfennige gespart. Ein geradegeklopfter Nagel war so gut wie ein neuer Nagel; die Scharniere am Karnickelstall stammten aus einer abgebrannten Baracke in der Grube, das sah natürlich eleganter aus als die angenagelten Lederstreifen. Alles aufheben, irgendwann kann man es gebrauchen; was man nicht kauft, muß man nicht bezahlen, wir nahmen ja auch nicht unnötig Wasser aus der Wasserleitung. Und am Abend sparten wir eben Licht.

Was werden wir gespart haben, mit unserer 25-Watt-Glühbirne überm Tisch, drei, vier Pfennige in der Woche, aber auch ein Pfennig war Geld, zehn Pfennige waren ein Groschen, ein Groschen war Geld. So geht's oftmals im Leben: Da wird etwas beabsichtigt, und unterderhand kommt etwas ganz anderes heraus. Die Stille, das anrührend Menschliche so einer Abendstunde; die Dunkelstunden bei den Großeltern gehören zu meinen Kindheitserinnerungen. Geborgenheit.

Vier kleine Fenster, tiefe Fenster, sie bringen am Abend nicht viel Licht in eine große Stube. Die Ofentüren schlossen schlecht, auch die Herdplatten waren gesprungen, so malte das flackernde Licht der Glut heimelig-unheimliche Lichterspiele auf die niedrige Balkendecke. Der große Seeger hakte mit seinem Perpendikel eine Sekunde nach der anderen ab, sein monotones Picken machte die Stille. Neben dem Seeger hing die Regimentsurkunde, gerahmt unter Glas; Großvater hatte von 1902 bis 1905 gedient, bei den 102ern, das war das Zittauer Infanterieregiment.

An gewöhnlichen Abenden holte er sich die Kriegerkalender aus seiner Sitzbank, die Kriegerkalender und das Inflationsgeld, das lag in zwei verfallenen Sparkassenbücheln. Und die Brille, obwohl es doch zum Lesen schon zu dunkel war, Großvater kannte alles, was er las, schon halb auswendig: Dazu genügte das Licht.

Großmutter spielte mit mir ein Spiel, das man wohl nur in Libošovice gekannt hatte: »Verdeckte Zahl«. Wir brauchten dazu die ausgediente Schiefertafel. Man schrieb eine Zahl, wobei der Schieferstiftstummel zwischen den Fingern der gewölbten Hand so gut wie möglich versteckt blieb, nun mußte der andere raten. Großmutter konnte Dreiviertel des Stiftes über der Hand lassen, und man sah, daß der Stift eine 88 schrieb, nahm sie aber die Hand von der Tafel, hatte sie eine 11 geschrieben. Mit Spucke wurden die Zahlen gelöscht und – wieder war man der Genarrte. Ich ließ meinen kleinen Schieferstiftstummel nahezu verschwinden in der Hand, Großmutter aber lachte und sagte »Dreindreisch«. Und ich hatte eine 33 geschrieben. So ging es Mal für Mal beim Zahlenraten, die Tränen konnten einem kommen; dann riet Großmutter die falschesten Zahlen, da wurde einem wieder leichter.

Plötzlich verstummte das weiche Quietschen des Schieferstiftes, Großvater hatte mit einer Geste Ruhe geboten, am Gaskocher hatte eine Maus gefiept; er hatte sie wohl auch gesehen, er langte schon nach dem Latsch, mußte ihn aber zurück auf den Fuß stecken, es war ruhig geblieben. Großvater konnte sich wieder mit seinem »Inflationsgeld« beschäftigen. Er nahm diese blaßbunten Scheine immer wieder in die Hand, in seine schweren abgearbeiteten Hände, wie man eben Geld zu seiner Zeit in die Hand nahm, mit Respekt. Er lächelte, es war ein etwas irres Lächeln der Bitterkeit, der Ohnmacht. Dann warf er die Scheine vor sich auf den Tisch, wie man Skatkarten abwirft, ein schlechtes Blatt. Er stopfte sich eine neue Pfeife, kopfschüttelnd nahm er die Geldscheine wieder in die

Hand. Großmutter nahm davon keine Notiz mehr, das hatte sie nun oft genug erlebt in all den Jahren.

Großvater schien mit dem Grübeln über sein verfallenes Geld niemals zu einem Ende kommen zu können; dieses sein Geld war »verfallen«, aber es war doch sein Geld! Durch die Inflation waren alle diese seine Geldscheine nur noch Papier, das war ihm schon klar, aber warum? Die neuen wertvollen Geldscheine waren doch auch bloß Papier. Und hatte er sich denn sein Geld nicht schwer verdient durch Arbeit in der Grube? War er beim Nachdenken in eine solche Sackgasse von Ohnmacht und Hilflosigkeit geraten, schüttelte er den Kopf und zündete sich seine Pfeife wieder an.

Dieses Geld war »verfallen«, wie sein Geld auf seinen beiden Sparkassenbücheln verfallen war, diese viertausendsechshundert Mark. Wo war das hin? Die viertausendsechshundert Mark waren die Kaufsumme für das Haus, für das Haus mit Garten an der Gönnertschenke, das hatte er kaufen wollen, er hatte es schon so gut wie gekauft; wäre die Inflation nicht gekommen, gehörte seiner Familie seit vielen Jahren das schöne Haus unterhalb der Gönnertschenke. Für diese viertausendsechshundert Mark hatte er sich und seiner Familie all die Jahre nichts gegönnt. Kein Urlaub Jahr für Jahr, kein Fahrrad gekauft, keine Reise gemacht, zum Bruder nicht ins Schlesische und keine mit der Frau ins Böhmische, kein Geld zum Schuster geschafft und keins zum Haareschneider. Kino sowieso nicht. – Die vielen Überstunden in der Grube.

Und diese Summen! Warum hatte er, der sein Leben lang zwanzig oder fünfundzwanzig Mark in der Woche verdient hatte, auf einmal 50 000 Mark in einer Woche verdient! Bald danach 500 000 Mark, dann 5 Millionen, 500 Millionen; eben diese Millionen und Milliarden. 50 Milliarden hatte er zuletzt in der Lohntüte gehabt am Freitag, er hatte die Geldscheine in der Hand. Abgestempelt und unterschrieben von den Herren des Reichsbankkonsortiums. 50 Milliarden Mark Wochenlohn für einen Grubenarbeiter, war das zu begreifen?

So ein Fünfhundertmarkschein sah noch ganz vertrauenerweckend aus, hatte ein Wasserzeichen und diese bunten Fasern im Papier, auch auf den Fünftausendmarkscheinen war so ein Fugger mit einem Barett; die Millionen- und Milliardenscheine waren nur noch so einseitig bedruckte Zettel. Aber noch immer hatten die Herren vom Reichsbankkonsortium unterschrieben, zwölf seriöse Unterschriften auf jedem dieser blaßbunten Zettel; und noch immer wurde mit Zuchthaus nicht unter zwei Jahren bestraft, wer ihre Zettel nachmachte oder verfälschte, oder verfälschte sich verschafft und in den Verkehr bringt. Einen gewissen Humor kann man den Herren des Reichsbankdirektoriums nicht absprechen.

»Fünfhundert Millionen Mark zahlt die Reichsbankhauptkasse in Berlin gegen diese Banknote dem Einlieferer.« Ich kann das nicht endenwollende Grübeln meines Großvaters über seinem Inflationsgeld nachempfinden, er war ein Preuße. »Üb' immer Treu und Redlichkeit« stand in Brandmalerei auf dem Haussegen über der Stubentür, ringsum Eichenlaub. »Bis an Dein kühles Grab / Und weiche keinen Finger breit / Von Gottes Wegen ab«. Das »ab« schon im Eichenlaub. Wem soll man denn noch trauen, wenn man nicht einmal mehr dem gedruckten Gelde trauen konnte. Großvater hatte doch auch keinerlei Vorstellung, was eine Reichsbankhauptkasse sein könnte oder ein Reichsbankdirektorium, er war niemals in Berlin gewesen. In Zittau gab es zwei oder gar drei Kommerzienräte; ich glaube nicht, daß er in seinem Leben einmal einem von ihnen begegnet ist, die fuhren ja auch im Automobil. Einem Herrn im Automobil hätte er wohl niemals etwas Schlechtes zugetraut. Er arbeitete für die Sächsische Aktiengesellschaft, das war nur ein Wort für ihn; Großvater arbeitete in der Grube.

Dabei hatte er vier Jahre lang mitgeholfen, den Wert des Geldes zu verpulvern, denn auf der Hausbank war ja geklärt worden, wo das Geld hin ist, es ist im Kriege verpulvert worden! Aber was wird er schon verpulvert haben mit seinem Karabiner? In einem Kriegssommer war er zur

Ernte eingesetzt gewesen, dort hatte man ihn mit seinen Kameraden fotografiert. Die Soldatenfotos lagen in einer kleinen Schachtel in der Sitzbank, zusammen mit den Orden, dem Verwundetenabzeichen und der Kriegsteilnehmer-Medaille; alle zeigten ihn als Krieger in Frankreich, aber die meisten in unkriegerischer Positur. »Das Ernte-Kommando Menneville«, das waren zwölf Mann und eine Charge, malerisch gruppiert um eine Schultafel mit dieser Aufschrift. Ein Vereinsbild im Feindesland. Großvater mit der Sense ist von allen Männern die stattlichste Erscheinung, natürlich mit der halblangen Pfeife im Munde.

Ein kleines Stück Pappe, goldverziert mit der Aufschrift: »Frankreich d. 30.7.1916 viel Tausend Grüße Vater Auf Wiedersehen!« Der Knecht Hermann Krause in Feindesland, mit elf anderen Knechten und einem Aufseher.

Den stärksten Eindruck hat auf mich immer ein Bildchen gemacht, da steht Großvater in voller Kriegermontur vor einer aus Stämmchen gezimmerten Baracke, auf dem Kopf trägt er eine stoffbezogene Pickelhaube. Gewehr bei Fuß steht er, erstaunlicherweise einmal ohne Pfeife. Mit befremdend starrem Blick sieht er einen an. Habt acht! Wieder gibt es keinen Feind weit und breit, denn er steht in dieser Pose am Eingang einer fachmännisch und liebevoll gezimmerten Barackenlaube. Über seinem Kopf ein Brandmalereischmuck mit Eichenlaub: »Zum Zeichen, daß sie hier mal waren / Schuf sich dies Heim die Horde der Barbaren.« Alles umrankt von Kletterpflanzen, blühende Kletterpflanzen, wohl Clematis.

Überall diese Sprüche. Auf unserer Brotbüchse war einer vom täglichen Brot und dem nötigen Dank, und einer war eingestickt auf dem Überhandtuch, einer vom Segen des eigenen Herdes. Über der Kammertür hing auch ein Brandmalereibrettchen: »Beklage nie den Morgen / Der Müh' und Arbeit gibt! / Es ist so schön zu sorgen / Für Menschen / Die man liebt«, Brandmalerei mit Rosen und Rosenknospen. Es hatte wohl zwei Stubensegen gegeben damals unter den Hochzeitsgeschenken. Nun war einer der Kammersegen.

»Verdeckte Zahl« war aber nicht unsere einzige Dunkelstunden-Unterhaltung, wir machten auch Geld, »Geldbilder«. Dazu holte Großmutter Papier und Bleistiftstummel aus dem Vertiko, Bleistiftstummel, deren Minen ein wenig durchgedrückt waren. Aber um Geld zu machen, brauchten wir erst mal Geld, es war wie im Leben. Die Münze wurde unters Papier gelegt, mit dem Ende des Bleistiftstummels wurde »abgerieben«; es war faszinierend, wie Streifchen für Streifchen die Getreidegarbe aus dem kupfernen Pfennig heraustrat und diese altmodische 1. Aus dem Fünfmarkstück kam ein markanter Schädel mit Bürstenschnitt hervor, das war Paul von Hindenburg, der Retter von Tannenberg, wahre Zauberei, als ob wir Kunstzeichner wären! Mir verrutschte das Papier immer etwas, mein Geld war selten so gestochen scharf. Auf allen neuen Münzen kam ein Eichenkranz hervor, ein Hakenkreuz, die Krallen des Adlers, der es hielt, dann der stolze Adler. Deutsches Reich. Und all die schönen Sprüche: »Gemeinnutz geht vor Eigennutz«. Bedenkenswert, daß die Görings vor allem in Ländern fett werden, wo solche Selbstlosigkeits-Sprüche auf jeder Münze stehen. Großmutter hatte eine Pralinenschachtel, voll mit besonders gelungenen oder interessanten Münzabreibungen, unsere Graphiksammlung sozusagen. Von Graphik wußten wir nichts, wir werden wohl geglaubt haben, das sei unsere Erfindung.

Im Kriege kamen viele Münzen dazu, Münzen aus aller Herren Länder. So hießen im Viebig die Länder. Zu Großvaters Messing-Francs kamen von seinen Schwiegersöhnen Aluminium-Francs dazu; nun marschierten die in Frankreich ein.

Das Metaphorische der Entstehung dieser Kleingraphik muß sich mir stark eingeprägt haben. Lernte ich später Menschen kennen, wohlwollendes Zuhören, mal eine ablehnende Geste, Reaktionen auf einen Scherz, ein Moment der Ratlosigkeit, Lachen eines Menschen, immer war es, wie es bei unserem Spiel mit den Münzen gewesen war, mit jeder Beobachtung tritt einem der Mensch deutlicher hervor mit seinem Bilde. Niemand vermag seine Umwelt zu täuschen auf Dauer, man beobachtet nur unqualifiziert, oder man hat eben zu wenig solcher Striche; und jene clevere Reaktion, auf nichts zu reagieren, welch ein markanter Strich. Natürlich habe ich später auch jene getroffen, deren Stift für alle deutlich sichtbar eine 88 schrieb, aber sie schrieben eben eine 11; ihre Umgebung blickten sie dabei so vertrauenerweckend an, wie Großmutter einen ansah, wenn sie täuschte. Doch bei ihr war es nur ein Spaß gewesen, nur unser Spiel zur Dunkelstundenzeit.

Der Ofen erhellte nun schon unsere Stube mit seinem milden, aber unruhigen Licht, so dämmerig war es geworden, nur bei den Deckenbalken und hinterm Ofen ballte sich nun die Dunkelheit; jetzt wurde es schummrig. Der Suppentopf in der Wärmeröhre köchelte in einer leise winselnden Melodie, und sein Duft, der Duft von Kartoffelsuppe aus Wurstbrühe mit viel Pilzen. Wir blickten immer mal hinüber zu Großvater, ob es denn nun nicht endlich finster genug war, zum Lichtanknipsen.

Auf dem Kleinen Wegel kam jemand vorbei, einer vom Viebig; wer sollte zu dieser Stunde noch an den Fenstern vorbei kommen. Vermutlich Frau Hänsch, die ging im Dunkeln zu Noacks auf dem Mittelweg, zum Polack. Hänschs holten ihre Milch und die Eier beim Polack.

Großvater hatte Kriegerkalender und Inflationsgeld schon beiseite geschoben. Er beobachtete seit einer Weile die Ofenecke: auf der Gaskocherkiste schien etwas zu huschen, man hörte auch so zierlich-zärtliches Quieksen. Eine Maus, sie war ja in diesem Licht nur so ein winziger Schatten am gußeisernen Gestell des Gaskochers. Mit zunehmender Dunkelheit werden Mäuse dreister. Nun holte Großvater den schweren, so oft besohlten Latsch vom Fuß, aber ganz behutsam. Jetzt ein Wort, das hätte mir leicht eine Ohrfeige einbringen können. Er schoß, und er schoß den großen Aluminiumtopf herunter, dort hatte der Schatten zuletzt getanzt. Großvaters Schußsicherheit war erstaunlich, das kam vom Handgranatenwerfen.

Nun durfte Licht angeknipst werden. Er rückte die Gaskocherkiste von der Wand und besah sich die neuen Mäuselöcher neben den zugegipsten, helle Flecken mit Glasscherben. Und keine Spur von der Maus, Herrgottsakra! Jessessakra! Großvater empfand so etwas immer als eine persönliche Schlappe; voller Wut spuckte er den Pfeifenjaatsel in eines der frischen Löcher an der Scheuerleiste, Gottverdammich!

Das Zugipsen der Löcher, fein mit zerschlagenen Flaschenscherben, den Sommer über hatte das auch Erfolg. Aber im Spätherbst kamen die Mäuse von den Feldern herein, hinterm Kleinen Wegel begannen die Felder, Felder bis zu den Bergen. Wir knieten uns hinter den Gaskocher, Großvater spuckte noch paarmal in die kleinen Löcher; in all den Bergwerksjahren unter Tage hatte er gepriemt, er konnte auf den Zentimeter genau spucken. Diese Mäuse, jeden Herbst das Theater mit den Mäusen!

Großmutter hatte schon die Suppenschüssel und die Teller auf den Tisch gestellt und das Brot; wir beratschlagten noch, was man unternehmen könnte, wir werden die Mausefalle von unterm Brothäusel hintern Gaskocher stellen, irgend etwas mußte ja unternommen werden. – Aber jetzt wurde erst einmal gesuppt.

Großvaters Meteoritte

Und was alles noch in den Schachteln in dieser Sitzbank war, Großvater besaß Meteoriten! Ein ganzer Meteoritte, das war eine unglaublich schwere Knolle, so eine silbrige Kartoffel aus Metall. Und ein aufgeschlagener Meteoritte, da lag innen das schimmernde Metall strahlenförmig zum Mittelpunkt hin geordnet; das war eben beim Flug über den Himmel geschmolzen und dann an der Somme in den Acker geschlagen. Bei Verdun. Das ist in Frankreich. Dort hatte Großvater diese Dinger gefunden, zusammen mit dem kupfernen Granatring, und bei einem Fronturlaub mitgebracht in den Viebig.

Das war das Märchenhafte und so unglaublich, wenn er bei guter Laune war und die große brasilianische Zigarrenschachtel hervorholte: man hielt einen kleinen Stern in der Hand! Aber Großvater stellte das richtig: ein Meteoritte. Großmutter nannte den Klumpen ›Sternschnuppe‹, sie wurde auch immer korrigiert: Meteoritte.

In späteren Jahren habe ich in mineralogischen Sammlungen gelernt, daß es Roteisenerzknollen gewesen waren. Solche Erzknollen kommen in manchen Landstrichen häufig vor in der Erde, Nordfrankreich gehört zu diesen Landstrichen. Vermutlich haben wertlose Erzklumpen meine Liebe zu den interessanten schönen Mineralien geweckt, ihnen verdanke ich letztlich meine Sammlung schöner Steine, meine Achat-Sammlung.

Alles auf Erden hat seine Zeit, Steine wegwerfen, Steine sammeln; wo mögen sie heute sein, diese zwei so sehr schweren Steine aus Frankreichs Erde, wieder auf dem Acker? Großvaters Meteoritte, Großmutters Sternschnuppe. Mein Stern, dessen wahre Natur ich nun kenne samt seiner Gewöhnlichkeit. Alles auf Erden hat seine Zeit.

Blatt mit Soldatenliedern

Bei Großvaters Soldatenkalendern lag eine Seite Briefpapier, ungeschickt abgerissen, mit Bleistift dünn liniert und oft und falsch zusammengefaltet. Die Schönschrift einer Hand, die ich nicht kannte, und in dieser steilen deutschen Schrift. »Ich hatt' einen Kameraden, einen bessern findst du nit. Die Trommel schlug zum Streite, er ging an meiner Seite, in gleichem Schritt und Tritt. Eine Kugel kam geflogen, gilt es mir, oder gilt es Dir? Ihn hat es weggerissen, er liegt mir vor den Füßen, als wär's ein Stück von mir. Will mir die Hand noch reichen, derweil ich eben lad'. Kann dir die Hand nicht geben, bleib du im ew'gen Leben mein guter Kamerad.«

Auf der Rückseite zwei Strophen eines anderen Soldatenliedes: »Jetzt bei der Lampe mildem Schein   Gehst Du wohl in Dein Kämmerlein   Und schickst Dein Nachtgebet zum Herrn   Auch für den Liebsten in der Fern.   Doch wenn Du traurig bist und weinst   Mich von Gefahr umrungen meinst   Sei ruhig, bin in Gottes Hut   Er liebt ein treu Soldaten Blut.«

Das ist Großvaters Handschrift, seine schwerfällige Hand, diese großen auf- und abfahrenden Buchstaben. Das Wort »umrungen« ist ganz verkritzelt, schwer zu entziffern.

Warum nur hat er das Blatt so sorgfältig aufgehoben über Jahrzehnte? Er hat doch sonst nichts Schriftliches aufbewahrt. Es muß ihm wohl viel bedeutet haben. Er hat es mit ins Grab genommen.

Großmutters Apotheke

Wann sind wir schon mal in die Apotheke gegangen nach Zittau, in die Löwenapotheke am Grünen Ring, zu dieser Villa mit dem bronzenen Löwen an den Eingangsstufen? Darauf hätte man reiten können, doch das hätte der Herr Apotheker gesehen durch die Glasscheiben in der Tür. Aber anfassen konnte man den Löwen, an der Schnauze und an den Ohren, davon waren die so blankgolden, an der Schwanzspitze auch. Und wie es roch in einer Apotheke! Nein, da mußte schon jemand richtig krank sein, ein Bein gebrochen haben oder einen Arm. Oder offene Beine wie die alte Frau Schramm. Bei uns war Großmutter zuständig für alle Arzneimittel.

Wenn man erkältet war, also wenn man es im Halse hatte, da wurde einem großen schwarzen Rettich die Kappe abgeschnitten; im Winter hatte diese Kappe schon fette gelbe Blättchen, das sah schmuck aus. Der Rettich wurde ausgehöhlt und mit Kandiszucker gefüllt: nun hieß es abwarten. Bei Schmerzen im Halse, bei Heiserkeit und belegter Zunge, eben bei dieser Mandelentzündung, immer wurde ein Rettich aufgesetzt. Oder zwei Rettiche, je nach dem Leiden. Nach zwei, drei Stunden, bei sehr schlimmem Halsdrücken schon mal etwas früher, durfte man nachsehen, ob sich Hustensaft gebildet hatte. Nun gab es Stunde für Stunde einen Löffel voll von diesem dicken, süßlichen Rettichsaft. Rettichsaft und Kamillentee waren das Allheilmittel für Halskrankheiten.

Der Sack mit dem Kamillentee hing an einem Kleiderrechen in der kleinen Bodenkammer, er hing in einer Reihe mit den anderen Säckchen, den Brombeerblättern, dem Huflattich, der Scharfgarbe, dem Spitzwegerich, jungen Brennesseln und einem Tee aus kleinen, sternförmigen gelben Blüten, von denen weiß ich weder Namen noch Verwendungszweck; dieser feine Tee wuchs nur an Waldwegrändern. Der Rainfarn war in Doldenbüscheln abgebunden, der hing separat, der stank, aber wogegen? Vielleicht gegen das Ungeziefer und gegen die Fliegen. Die getrockneten Heidelbeeren waren in einer Büchse, die stand griffbereit; getrocknete Heidelbeeren brauchte man für eine Krankheit, die einen jäh überkam, sehr jäh.

Der größte Sack war der Sack mit den Lindenblüten, na, der mit der Pfefferminze war auch nicht kleiner, die holte man in den Brüchen, im alten Bergwerk, Lindenblütenpflücken aber war ein Fest! Ein Sommerfest! Es standen große Linden im Viebig, zwei uralte, riesige Linden umgaben das Haus der Schwestern Scharf, sie standen in Gärten. Für uns alle aber gab es die Allee schöner Linden am Mittelweg, Baum an Baum bis hinauf zum Kaltenstein, bis zur Napoleonslinde. Wenn die Mittelweglinden blühten! An so einem warmen Juniabend kamen viele Familien mit ihren Beuteln und Säcken, das waren lange Abende, da wurde viel erzählt beim Lindenblütenpflücken, und wie die Maikäfer den Frauen in die Haare fuhren! Wer eine Säge mithatte, der nahm die besten Äste mit nach Hause, der machte es sich bequem. Der süße Duft blühender Linden, wir Kinder saßen beim Pflücken hoch oben in einer würzigen Wolke parfümierter Luft; anfangs dröhnten die Bäume noch von den Bienen, da hieß es aufpassen; mit der Abendkühle verschwanden die Bienen, nun konnte man schon mal auf einen besonders guten Ast rauskriechen. Lindenblüten wurden in den Ährenlese-Sack gepflückt; wie das fleckte, wie das füllte. An so einem Sommerabend pflückten wir den Vorrat für ein ganzes Jahr, wenn die Linden gut blühten. Nun war der Tee-Sack wieder voll, nun konnte die Krankheit kommen.

Der süße Duft der blühenden Linden zog einige Abende lang über die Felder, beim Abendspaziergang lief man in weite Schwaden parfümierter Luft, die zogen an windstillen Abenden übers Land; da blieben wir auch mal stehen, atmeten die Süße ein, und es wurde besprochen, wie so etwas möglich sei, die Linden waren doch in großer Ferne! Aber es gab ja Abende, da hörte man auf dem Kleinen Wegel Leute sich unterhalten, die liefen am Kaltenstein!

Das war eine Viertelstunde Weg! Was es nicht alles gab, was es nicht alles gab unterm Himmel. Lindenblütenpflücken war ein Fest, es gab aber auch unangenehme Sorten Tee, die Brennesseln waren die unangenehmste, Brennesselrupfen war nicht beliebt; aber wer Enten hatte oder junge Gänsel, der mußte das ja jeden Tag machen. Die Frau Schöne hatte dafür alte Handschuhe, bei Großmutter gab es sowas nicht. Man mußte nur feste zupacken, dann brannte es auch nicht, und wenn es brannte, mußte man darauf spucken. Und das verreiben. Großmutter blies drauf: Na? Isses schon besser? Brennesseln machen neues Blut! Ich konnte zupacken, wie ich wollte, die Hände waren nach einer Weile wie taub. Man bekam eben zweimal neues Blut von den Nesseln, wenn man sie pflückte, und wenn man den Tee trank. Gab es die Nesseln als Brei, als Spinatbrei sozusagen, da bekam man noch mal neues Blut. Und gute Zähne.

Hirtentäschelkraut haben wir auch gesammelt, aber ich erinnere mich nicht mehr, gegen was das getrunken wurde, was wir damit geheilt haben.

Der meiste Lindenblütentee wurde verbraucht für die Schwitzkur; die wurde einem aber nur verabreicht, wenn man Grippe mit Fieber hatte, also richtig krank war; dann ließ man es gerne über sich ergehen. Nackt in ein nasses dampfendes Laken gewickelt, in ein klatschnasses, brühheißes! Und streng gewickelt, gewickelt wie eine Mumie, daß einem der Atem wegblieb. Und immer weiter, bis nur noch Augen und Mund heraussahen. Darauf kam ein besonders dickes Federbett.

Jetzt wurde der heiße Lindenblütentee eingeflößt, Tasse für Tasse, wo der viele Tee nur Platz hatte in einem! Anderthalb Kannen mußte man schon austrinken, sonst konnte der Schweiß die Krankheit nicht herausziehen. So lag man dann im Fieber, und wie im Fiebertraum lief der Schweiß in kleinen Rinnsalen aus dem Kopf übers Gesicht, aber klagen durfte man nicht, man war doch ein Junge. –

Dann erwachte man, und es war schon Vormittag, man hatte zwölf Stunden geschlafen. Nach dem Auswickeln und Abwaschen stand man herum, noch schwach und ganz verstört, aber gesund, man hatte ja die Krankheit herausgeschwitzt. Als ich später erfuhr, welche Heilkräfte durch das »Krankheiten-Besprechen« ausgelöst werden im Menschen – wenn er fest an seine Heilung glaubt –, da erinnerte ich mich wieder jener mittelalterlichen Behandlung, der Schwitzkur. Nach dem Genesungsschlaf war ich immer gesund, man hatte doch so gelitten! Anderes war gar nicht denkbar.

Die jähe Krankheit, zu deren Behandlung jene Büchse getrockneter Heidelbeeren gebraucht wurde, das war eine Sommerkrankheit. Sie trat auf zur Zeit der unreifen Äpfel und Stachelbeeren. Nach dieser Medizin fragte man mit besonders ratlosem Gesicht und in gekrümmter Haltung. Großmutter wußte da schon Bescheid, entsprechend fahl und elend sah man ohnedies aus.

Nun ja, deshalb gab es doch die Heidelbeeren im Sommer, wie es eben die Rettiche im Spätherbst gab, im November, wenn man sich erkältet im Halse, da waren die schwarzen Winterrettiche gewachsen. Es war schon alles so eingerichtet von der Natur. Und Großmutter wußte das.

Verschollenes Kochbuch

Großmutter hat ein Kochbuch im Vertiko gehabt, ein handgeschriebenes Heft, der Einband war so schmutzigbraunes Kaliko; vielleicht hat sie es aus Böhmen mitgebracht von ihrer Mutter, und später immer weiter eingetragen. Es lag im Vertiko, beim Fotoalbum, aber warum sollte ich mich in meiner Kindheit für ein Kochbuch interessieren, ich interessierte mich fürs Gekochte. Was mag da nur dringestanden haben? Großmutter konnte kochen! Und backen! Aber Großvater brachte nicht soviel Geld heim aus dem Bergwerk, daß sie ihre Kunst hätte immer zeigen können.

Großmutters Käsekuchen: wie oft habe ich später erklären müssen, daß Käsekuchen eben nicht Quarkkuchen ist, Käsekuchen schmeckte ganz anders. Keiner kann Käsekuchen backen, man kennt ihn nicht einmal. Dieser Kuchen schmeckte fein nach frischem Käse und nach Leinöl und nach süßer Sahne; das Rezept hat gewiß in dem Buche gestanden.

Nach ihrem Tode hat sich keiner darum gekümmert; wer wollte sich kümmern in solchen Hungerzeiten um ein handgeschriebenes Kochbuch, es wird wohl auch zu Teilen tschechisch geschrieben gewesen sein. Als ein Jahr später Großvaters Stube ausgeräumt worden ist, da wird man es mit verbrannt haben. So ein Nachlaßkram wurde doch sortiert in Brauchbares und Zeug für die Aschegrube, für die Verfüllung in den Brüchen. Da wird es mit in die Rambusche gekommen sein.

Das große Los

Große, aufregend fettbedruckte Bogen waren das, diese Ziehungslisten der Sächsischen Landeslotterie; und die Gewinnchancen-Reklamebogen erst! 1 MILLION stand da in roten Lettern in einem roten Kasten, und zwar kein Inflationsgeld, richtiges Geld, gültiges Geld, sozusagen Goldmark. Wir lebten im Viebig, aber über Nacht konnten wir reiche Leute sein; wir waren durch einen Glücksstrang mit der großen Welt verbunden.

In der Sächsischen Landeslotterie konnte man eigentlich nur gewinnen; das waren ja endlose Gewinn-Zahlenkolonnen von 5 Reichsmark bis zu 50 000 Reichsmark und eine Gewinn-Zahlenkolonne an der anderen. Jede Woche Ziehung und Gewinnausschüttung, mehrere Ziehungen, von den großen Hauptziehungen und Hauptgewinnausschüttungen gar nicht zu reden. Fielen dabei Hauptgewinn und Hauptprämie auf ein und dieselbe Nummer, dann zahlte man uns eine Million aus. Das war der Idealfall, warum sollte der Idealfall nicht bei uns eintreten? Was sprach dagegen, daß das Große Los im Viebig einschlägt? Der Haupttreffer auf Großvaters Nummer, auf unser Los.

Dann waren wir von einem Tag auf den anderen Millionäre, wie die Gebrüder Hiller, denen die Phänomen-Werke gehörten. Da hätte Schön-Kurt aber gestaunt, und Klein-Erwin erst, da hätte er nicht mehr das Halten einer Katze verbieten können. Riesenbraunkohlenstapel hätten wir uns dann aufgestellt, zum Stöckeroden wäre eine nagelneue Winde angeschafft worden, in einer halben Stunde hätten wir so einen Stock herausgehabt, das wäre ein Spaß geworden, das Stöckeroden ohne Schinderei. Statt sechs Zentner Kartoffeln hätten wir sechzig Zentner einkellern können, wäre eben der Keller entsprechend erweitert worden, Geld war doch nun da! Ein separater Keller für die Sauerkrautfässer. Vermutlich wären wir gar nicht mehr stoppeln gegangen, alle Kartoffeln hätten wir beim Bauern gekauft, das wäre ein Geschäft für Franze-Bauer geworden, da hätte er uns den Krauthobel umsonst geliehen. Was hätten wir uns für Karnickel halten können, Zuchtkaninchen und noch zwei, drei Ställe dran, und zwar neue Ställe. Großvater hätte einen Mann bezahlen können, der unsere Karnickel füttert, und wie fein füttert, ganze Kartoffeln in den Schalen gequetscht! Geld hätte dann ja keine Rolle mehr gespielt. Wenn wir so reich gewesen wären wie die Gebrüder Hiller, hätte Vater gar nicht mehr in die Bude gehen müssen und Großvater nicht mehr ins Bergwerk; wir hätten einfach jeden Freitag die Lohntüte von unserem Gelde gefüllt. Mutters Lohntüte auch.

Die Gewinnlisten der letzten Jahre lagen im Vertiko immer parat, an die letzte Liste war unser Achtellos mit einer Büroklammer angeheftet, die Büroklammer wurde jedes Mal neu mitgeliefert mit dem Los vom Lotterie-Haus. Wir spielten immer ein »Achtel«, ein Viertellos konnten wir uns nicht leisten; man konnte aber auch ein »Sechzehntel« spielen. Das war unter unserer Würde.

Wenn er bei guter Laune war, erzählte Großvater von seinem »Haupttreffer«, er war nämlich schon mal ganz groß herausgekommen in der Sächsischen Landeslotterie. Etliche hundert Mark! 600 Mark waren auf sein Los gefallen, da er aber nur ein Achtellos spielte, wurden nur 75 Mark ausbezahlt; aber 75 Mark, das war auch ein schöner Pfennig Geld. Großmutter erzählte an dieser Stelle immer, vor wie vielen Jahren! Da konnte Großvater laut werden, das spielte keine Rolle, ein Haupttreffer war ein Haupttreffer!

Eigentlich hatte seine Nummer 600 Mark gewonnen, das Geld mußte aber auf acht Leute aufgeteilt werden, eben weil er nur ein »Achtel« spielte. Das war auch etwas, worüber er viel nachdachte, worüber er in früheren Jahren mit Großmutter gesprochen hatte: Er spielte mit sieben anderen Leuten ein und dieselbe Nummer, also ein und dasselbe Los, und er kannte diese Menschen gar nicht, merkwürdig. Sie hätten sich doch mal treffen können, meinetwegen im Kretscham, und ihr Schwein feiern! – Merkwürdig, wie so vieles eben merkwürdig war im Leben und undurchschaubar.

Kalenderblätter

Der Abreißkalender von Bilder-Münch, der bot jeden Tag etwas Neues, hatte er doch an jedem Tage des Jahres ein eigenes Blatt. Wir wußten, wann die Sonne aufgeht und untergeht, und der Mond, und ob wir Vollmond haben oder Neumond; die Sonne war ja immer die Sonne, sie nahm nicht ab oder zu.

Tage. Die fetten schwarzen Zahlen der gewöhnlichen Tage, wenn man in die Schule mußte oder auf Arbeit, und die roten, die Sonntage und Feiertage, das Schöne, das Ungewöhnliche, wenn es zum Frühstück Semmeln gab und Kakao, als es einem gut ging.

Auf der Rückseite eines jeden Kalenderblättchens gab es etwas zu lernen: Rezept für gestrecktes Schmalz / Tätig zu sein, ist des Menschen erste Bestimmung, *Johann Wolfgang von Goethe* / Rezept für schnelle Klößchen und 2 gesunde Salate aus deutschen Wildkräutern / Getrennt marschieren und vereint schlagen, darin liegt die unvergleichliche Schlagkraft der deutschen Wehrmacht, *Oberstleutnant Hans Eduard Dettmann* / Wildkräutersalate ohne Öl / Gestreckte Linsensuppe / Viele gibt's der Wunder, der Wunder größtes aber ist der Mensch, *Sophokles* / Unser Nationalstolz heißt nicht, andere verachten, sondern das eigene Volk achten und lieben, *Adolf Hitler* / Napfkuchen aus Kartoffeln / Wirf nicht für eitlen Glanz und Flitterschein, Die echte Perle deines Wertes hin, *Friedrich Schiller* / Küchenweisheit: Etwas Salz in der Pfanne verhindert das Spritzen des Fettes / Du mußt jeden Tag auch deinen Feldzug gegen dich selbst führen, *Friedrich Nietzsche* / Kochen in der Kochkiste und Braten ohne Fett / 10 Regeln zum Dörren des Wildobstes/ *Ernst von Wildenbruch*: Wie die Väter einst gestritten, was sie trugen und erlitten, sagt euch der Geschichte Buch!

Ja, ein paar Kalenderzettel haben sich erhalten in Großvaters Sächsischen Kriegerkalendern, wohl als seine Buchzeichen.

Der Wetterkeim

Wir hatten auch etwas Bleibendes von Bilder-Münch, den Wetterkeim, unser Barometer.

Unser Barometer war ein Brettchen mit aufgeleimter »Wetterkarte«, das hing an einem Nagel im Fenster neben Großvaters Sitzbank. Alle Arten Wetter waren da aufgedruckt im Kreise von *sehr schön & sehr trocken* über *veränderlich* zu *Regen & Wind* bis hinunter zu *Sturm, Orkan & schwerer Regen*. Der Wetteranzeiger aber steckte mit seiner scharfen Spitze in der Mitte des Kärtchens und war so ein feingefiederter spiraliger Samen, vielleicht aus Amerika, vielleicht gar aus Indien, bei uns gab es jedenfalls solche Samen nicht. Bei wechselnden Wettern zeigte er mit seinem gefiederten Schwänzchen in verschiedene Felder und uns das Wetter an. Aus einer Wundertüte von Bilder-Münch stammte das selbst zu bastelnde Barometer, ich hatte es Großvater mal zum Geburtstag geschenkt, auch das Brettchen mit der Laubsäge ausgesägt; er interessierte sich für das Wetter. Ist es nicht etwas Schönes, wenn man das Wetter vorauswissen kann, wissenschaftlich, und nicht nur so nach dem Tau und den Wolken und dem Abendrot? Heute aber glaube ich nicht mehr, daß wir viel Meteorologisches vorausgewußt haben, der spiralige kleine graue Samen war durch die vielen Winter und Sommer doch recht mitgenommen, die Schrift der Wetter war auch kaum noch zu entziffern, wenn der Wind an der Nordwand lag, regnete es in die Doppelfenster. Womöglich haben wir den Wetterkeim auch falsch reingesteckt ganz zu Anfang, die gedruckte Gebrauchsanweisung hatte es so umständlich erläutert.

Großvater besah sich jedenfalls all die Jahre sein Wetterbrettel höchst mißtrauisch, wenn es wieder falsches Wetter anzeigte. Oder bei Sauwetter, da betrachtete er abwechselnd sein Barometer und den grauen Himmel über den Feldern, den tiefhängenden regnerischen vor den fahlen Bergen, dann fluchte er auch mal vor sich hin: Himmelsakra! Es zeigte Ungutes an oder Falsches. Wenn aber der wetterfühlige Keim naß war, so war das jedenfalls ein sicheres Zeichen, daß es regnete, ein ganz sicheres Zeichen.

Die böhmischen Weiber

Ach, Wochenmarkt in Zittau, das war eine bunte, duftende Welt! Auf dem Wochenmarkt gab es im Sommer die ersten Brühgurken, große Fässer mit Salzbrühgurken, und was für eine feine man bekam für einen Groschen; war der Gurkenmann gutgelaunt, dann fischte er eine ganz große heraus, da gab es was zu lachen ringsum: Wo will denn die Gurke mit dem kleinen Kerl hin? Na, Hauptsache es schmeckte, sollten sie nur lachen. Man mußte aber aufpassen beim Hineinbeißen, innen war sie voller Gurkenbrühe, das spritzte, danach stank man dann wie ein Wiedehopp.

Später standen da am Schwanenbrunnen die Fäßchen mit den verschiedenen eingelegten Gurken. Die Senfgurken, die großen Hälften, das war nicht so unser Fall, aber die kleinen dunkelgrünen Gewürzgurken, sie waren etwas teurer als die sauren Gurken, sie schwammen in einem dicken grünen Fell aus Dill und Zwiebellauch und Kräutern, eben allem, was würzt, daraus mußten sie die Gurken fischen mit der Holzzwicke. Es gab aber auch Gewürzgurken in Knoblauch, das war ein Genuß, so scharf süßsäuerlich mit dem Knoblauchduft. Das war was für Großmutter, aber sie aß erst zu Hause, wegen der Zähne, wegen dem Beißen. Jaja, wir wußten schon, was gut schmeckt.

Dort am Brunnen mit den bedrohlichen Schwänen stand auch der Mann mit den Vogelstimmen, bunten Vogelpfeifen und eben jenen halbrunden Blättchen; man mußte sie mit Spucke anfeuchten und dann gegen den Gaumen drücken. Der hagere braune Mann mit seiner Papageienmütze stand mit halboffenem Munde hinter seinem Tischchen und zwitscherte uns amüsiert an, dabei verkaufte er seine Tütchen mit der garantierten Kanarienvogel-Stimme, so perlende Melodien wie ein Kanarienhahn!

Mich hat es immer zu den böhmischen Weibern gezogen, zu den so altmodisch dunkel gekleideten aus den Dörfern jenseits der Grenze, wenn ich mit Mutter auf dem Markte war; sie wußte mich dann schon zu finden. Mutter lief gern herum und verglich die Preise, da war immer ein Stand zu finden, wo es ein paar Pfennige billiger zu haben war, das Gesuchte.

Die »biehmschen Weiber«, wie sie im Volksmund hießen, sie hatten ihre Waren auf dem bunten mittelalterlichen Marktpflaster ausgebreitet, rings um den Herkulesbrunnen bis hinüber unter den himmelhohen riesigen Giebel des Marstalls, des alten Salzhauses, mir war es das größte Gebäude der Welt: ein Dutzend hochbeladene Fuhrwerke fuhren da mühelos hinein, in dem düsteren Erdgeschoß konnte man sich verlaufen! Dort saßen sie und warteten geduldig und freundlich auf Kundschaft. Was sie herankarrten und heranschleppten an Pilzen und Beeren, und das waren Wege von Schanzendorf, Petersdorf, Krombach, Wege übers Gebirge. Kinderwagen, altmodische hochrädrige Kinderwagen voll mit kuriosen Steinpilzen, Herrenpilze, solche Schlangen, unter Wurzeln gewachsen oder bei Steinen, wir kannten solche Kerle ja von unseren Pilzgängen. Und Körbe voller Rotkappen, große Tücher vollgeschüttet mit Pfifferlingen, den Gahlhähneln, Gelbschwämmeln, das war was für die Städter. Ja, die böhmischen Weiber oder ihre Männer in den Gebirgsdörfern kannten Pilzfleckel, und sie brachten die Ware nun zu Markte; in den Dörfern drüben gab es kaum Fabriken, die Männer konnten nur im Walde arbeiten oder das bißchen Landwirtschaft ums Haus besorgen.

Pilze bis weit in den Oktober hinein, auch in trockenen Wochen, wenn kaum was zu finden war; sie hatten ihre Flecken, feuchte Täler, die Nordseiten bei Petersdorf, am Falkenberg, am Raubschloß, das waren für uns zu weite Wege. Auch bei Neumond hatten sie volle Körbe, wenn gar keine Pilze wachsen, oder wenige. Sie fanden Pilze noch im Schnee, im März brachten sie solche goldgelb glänzenden Büschel, die mußten sie anpreisen, der Herbst ist ja die Pilzzeit. Sie ließen uns kosten, sie schmeckten mild wie Nuß. Und viele Sorten, die wir nicht nahmen, lila Täublinge und solche kleinen grauen Trompeten, Hexeneier nahmen wir auch nicht, sowas kam bei uns nicht in die Pfanne. Aber die Frauen aus dem Biehmschen waren kundig, sie verkauften keine giftigen Pilze.

Und was sie im Sommer an Heidelbeeren heranschafften! Tragekörbe voll und in Wassereimern, mit dem Seidel wurden sie fein ausgewogen. Bei den Heidelbeeren stand die Kundschaft Schlange, die beste Ware gab es hier, große Beeren, schwarzreif und sauber, obwohl es doch hieß, die drüben kämmen, das fleckt besser. Und Körbe mit Brombeeren, die waren gar nicht billig, und die rosigen Himbeeren, nicht so appetitlich, Himbeeren waren gerne madig. Preiselbeeren auch, die bitterlichen, ich mochte sie nicht, obwohl wir ja immer ein, zwei Seidel pflückten in die Heidelbeeren; mit Milch und Zucker ließen sie sich schon essen, wahrscheinlich waren sie gesund, was nicht schmeckte, war ja immer gesund; Spinat war auch gesund, fürs Blut oder für die Knochen. Spinatbrei mußte man runterschlucken, damit man groß und stark wird.

Kurioserweise kauften wir Kienholz, wo doch bei uns so gespart wurde, solche kleinen Bündel Kienholzscheitel, ganz ölig und goldgelb, und wie die dufteten nach Harz; jedes Holz fein aufgespalten mit dem Küchenmesser, da konnten wir viele Male Feuer anmachen.

Rutenbesen, billiger als bei der Hahn-Marie, und Rechen und geflochtene Körbe und eben die Kienholz-Bündel, auch Teesorten, seltene Teesorten. Im Frühjahr Waldsträuße, Maiwuchs zum Ansetzen in Schnaps, das hatte man dann zum Einreiben; wer weiß, wozu das gut war, vielleicht gegen das Rheuma, wenn das Katzenfell nicht mehr half. Gegen das Rheuma, das Reißen, gab es auch Kissen mit heilsamen Gräsern und seltenen Moosen, die zogen die Krankheit raus, auch selbergemachte Salben aus Katzenschmer, die Prager Salbe gegen Frauenkrankheiten, das waren Krankheiten, von denen die Männer nichts wissen mußten, da konnten sich die

Frauen beraten mit den alten Weibern von drüben, die kannten die Kräuterkunst, da brauchten sie nicht erst zum Doktor zu gehen.

Und Marmeladen und Ziegenkäse und in kleinen Spanschachteln Ziegenbutter, da war mit dem Messer eine schöne Rose eingedrückt, bemalte Spanschachteln auch, aber die kaufte keiner, das war altmodisch. Sträußchen aus Rinde und Kräutern für den Wäscheschrank, gegen die Motten und damit es fein riecht. Sowas brauchten wir nicht, wir hatten immer ein feines Stück parfümierte Seife zwischen der Bettwäsche. Und im Herbst eben die ausladenden Laubsträuße, bunt und schönfarben mit roten Beeren; für die Stadtleute, die Geld hatten und zu bequem waren, selber in den Wald zu gehen.

Die Lebensmittel, die hielten sie lieber etwas versteckt, das Hausgeschlachtene und Geräucherte, unter den vielen Tüchern oder unter den weiten schwarzen Röcken; sie hatten wohl nur eine Lizenz für Waldprodukte, wie wir ja auch einen Schein brauchten fürs Stöckeroden oder in der Beerenzeit. Wenn gute Kundschaft aber einen Hasen brauchte, eine Rehkeule oder Rebhühner, eben irgendwas Gepaschtes, da gingen sie mit dem Kunden in den Marstall, als ob sie mal austreten müßten, die oberen Stockwerke waren ja Wohnungen.

Ganz früher hatten sie Krammetsvögel verkauft, das waren Drosseln in solchen Bündeln, an einer war doch nicht viel dran, aber das war jetzt verboten in Deutschland, wie das Singvögelfangen. Damals hatten sie auch Singvögel verkauft, Lerchen und Stieglitze in kleinen Käfigen. Die Dörfler über der Grenze, das waren gewiefte Vogelfänger mit dem Garn und mit Leimruten; aber sowas erfuhr ich nur aus Erzählungen, aus der Zeit der Pascherei, als Großvater noch seine Tabakschlingen von drüben holte.

Am schönsten war es auf dem Wochenmarkt mit Großmutter; sie war mit den Frauen vertraut seit vielen Jahren, wir hockten uns zu ihnen, und dann wurde erzählt und erzählt und gelacht, sie redeten dann tschechisch miteinander; für Großmutter war es wohl wie eine Stunde in der Kindheitsheimat, in jenem fernen Liboschowitz und Kosmanos, wohin wir niemals fuhren. Wnuhtschátko, das hieß Enkelchen, das klang zärtlich, ich war doch der Enkel. Manchmal hörte ich auch das Wort »Hitler« oder »Deutschland«, aber sie amüsierten sich mehr darüber. Ich bekam zu kosten vom Gelee oder von getrockneten Apfelringen und von Dörrpflaumen, aber die waren noch hart vom Backofen, und die getrockneten Birnen erst. Wie altmodisch auch die jungen hübschen Frauen angezogen waren, die dunklen, kleingeblümten Röcke bis über die schwarzen altmodischen hohen Schuhe. Einmal hatte eine »Junger Herr« zu mir gesagt, ich hatte doch gar kein Geld. Vor uns standen die gußeisernen Kaufmannswaagen und die Gewichte aus Eisen und aus Messing, sie wogen ab nach Deka, ein Deka war nicht viel, fünfzig Deka war ein Pfund, es wurde genau aufgepaßt von der Kundschaft, ob die Schnäbel auch richtig beieinanderstehen, bis es stimmt. Das Geld kam in die lederne Geldgapse, die hatte eine jede Händlerin an einem Riemen um den Leib geschnürt.

Ich habe mir auch die hohen weidengeflochtenen Tragekörbe angesehen, die Kiepen. Mit so einem Tragekorb war Großmutter einst zu uns gekommen, nach Sachsen, nach Deutschland, da war sie vierzehn Jahre alt gewesen, allein übers Gebirge, aber noch von viel weiter her, aus den Bergen ihrer Heimat, vom »Roll« hat sie manchmal erzählt, ein Berg – höher als unsere Lausche.

Kettensprenger

Das früheste Jahrmarkterlebnis, gruselig und bedrohlich und eben deshalb wohl unvergessen, es ist mir in Erinnerung geblieben wegen des Kettensprengers, des blutigen Mannes mit den Ketten. An Großvaters Hand bin ich damals über den Markt gegangen, am unteren Brunnen auf dem Neumarkt, dem Samariterinnen-Brunnen beim Alten Salzhaus. In diesem Jahr wohl wird unser Neumarkt zum »Platz der SA« geworden sein.

Auf dem mittelalterlichen Pflaster, es war noch so ein buntes buckeliges Pflaster, da hatte der halbnackte Riese mit Ketten einen weiten Kreis um sich gelegt für die Zuschauer, er stand in der Mitte, von Ketten umschnürt und Grimassen schneidend, daß es einem angst und bange werden konnte, aber ich hatte ja Großvater mit.

Der Mann war schon alt und ganz sonnenverbrannt, wohl an die fünfzig Jahre, also so alt wie Großvater. Die Zuschauer mußten ihm Vorhängeschlösser in die Ketten machen, dicke eiserne Vorhängeschlösser. Zu uns kam er auch, wir mußten seine Ketten prüfen und wie sie verschlossen waren, unentfesselbar. Großvater war auch ganz gebannt, ich mußte mich ja an ihn halten, falls uns der Unhold anfällt, denn er stieß Schreie aus, so wilde Schreie, als sei er einem gruseligen Märchen der Gebrüder Grimm entlaufen, so ein Eisenhans. Dann begann die Vorstellung, er wand sich und keuchte, und die Ketten rasselten, und er brüllte uns an, wir sollten nur alles genau beobachten. Was hier geboten wird, das sei einmalig auf der Welt für ein paar Groschen, und es gehe auch alles mit rechten Dingen zu. Er spannte seinen Körper an wie unter der Folter und drehte das Weiße in seinen Augen vor, so schnitten die Ketten in ihn ein. Als er sich aufbäumte, zerplatzten unter Gebrüll alle seine Ketten, und er lachte so ein schreckliches Lachen und ging herum, mit dem Hut das Eintrittsgeld einsammelnd für die Vorstellung. Dabei zeigte er uns seine

Wunden, die bis aufs Fleisch eingerissenen Arme, er hatte am ganzen Körper Narben und Grinde, aber er lachte. Großvater gab eine Münze, wir gaben auch etwas. Danach setzte sich der Mann zu seinem Kleiderbündel aufs Pflaster und trank aus einer Bierflasche und aß seine Schnitten; es gab wohl bald wieder eine Vorstellung. Ich wäre schon gerne noch dageblieben, aber konnte man wissen, was der blutende Mann womöglich mal macht in seiner Wut mit uns Zuschauern?

In Erinnerung geblieben ist mir auch noch der Invalide mit seinem tragbaren Bergwerk. Weil er Großvater kannte, brauchten wir nichts bezahlen; ich durfte sogar das Bergwerk in Betrieb setzen, weil ich ja der Enkel war.

Der große schwarze Kasten stand auf einem Klappgestell und hatte Rucksackriemen an der Rückwand, ich durfte alles besichtigen, für mich wurde auch die Seitenwand geöffnet, dort drehten sich die vielen kleinen Holzrollen mit ihren Bindfäden, das war der Antrieb, mit der Kurbel mußte man leiern, aber die ging schwer, mußte ja auch ein ganzes Bergwerk in Betrieb gesetzt werden. Dann klopften die Bergmänner in ihren Stollen auf die Kohlen. Auf einer Sohle fuhren Wägelchen im Kreise mit Hunden davor, die transportierten die Kohlen, auf der Sohle darunter setzten Bergzimmerleute neue Stempel in einem Gang, so einer war der Invalide gewesen vor dem Grubenunglück, bei dem er eine Hand und ein Bein eingebüßt hatte, jetzt hatte er eine künstliche Hand, eine aus Leder. Auf einer Tafel war alles genau erklärt, und daß der Invalide das Bergwerk sich selber ausgedacht hatte in vieljähriger Arbeit, und alle Figuren mit seinen eigenen Händen geschnitzt, also mit seiner Hand.

Manche Bergleute standen auf Leitern, und im Hintergrund stieg der Förderkorb auf und nieder. Auf der untersten Sohle war alles zusammengebrochen, man sah nur eine blutige Hand heraushängen aus dem Verschütteten; das war das Grubenunglück.

Wir haben wohl eine Stunde bei dem Bergwerk gestanden, vielleicht kannte Großvater den Invaliden von der

Grube »Gottes Segen« auf dem Kalten Stein, dort hatte er viele Jahre in solchen Stollen Kohlen herausgehackt, bis Buchheim Bankrott gemacht hatte. Großvater war ja auch verschüttet gewesen in Frankreich und hatte es überlebt, aber mit gesunden Gliedern. – Solange wir da waren, hat niemand etwas bezahlt, keiner wollte das Bergwerk sehen, das mechanische Bergwerk, erbaut mit einer Hand.

Später gab es keine Kettensprenger mehr auf den Jahrmärkten und keine Invaliden mit Buckelbergwerken. Auch das Zeigen dickster Frauen der Welt war untersagt und kleinster Zwerge und der niemals gezeigten Mißgeburten aus der Tierwelt. Im Dritten Reich wurden Mensch und Tier geachtet, der Führer duldete nicht, daß ein Bergmann betteln mußte, der deutsche Bergmann bekam eine Bergmannsrente. Die Arbeit war eine Sache der Ehre und nichts für den Jahrmarkt.

Das Gruselige aber und das Absonderliche, es ist so interessant, so eine andere Welt.

Ahnen

Es gab einen Ahnen in der Familie, einen Urahnen, von dem sprachen die Erwachsenen aber nur, wenn wir Kinder nicht zuhörten, da wurde viel gelacht und auf die Schenkel geschlagen. Tante Käthe hat mit später von ihm erzählt. Er war der Sohn des reichsten Bauern im Dorf gewesen und der einzige Sohn, oder der älteste Sohn, der Erbsohn. Drei Gespanne auf dem Hofe, so wohlhabende Leute hatten ein Mädchen aus unserer Familie auserwählt.

Aus seiner Ortschaft – der Name des Dorfes war nicht mehr erinnerlich – ist er an einem Freitag nach Kosmanos gefahren, nach Kosmanos auf den Markt, mit den besten Pferden an der Deichsel; am Montag ist er zu Fuß zurückgekommen mit der Peitsche, zurückgekommen mit nichts als der Peitsche. Das Gespann hatte er versoffen, versoffen und verhurt, er hatte alle freigehalten! Die Pferde, den Wagen, auch alles Bargeld, was er bei sich gehabt hatte, alles verhurt und versoffen. Hinter allen Weibern war er hergewesen, keine Magd war vor ihm sicher; und stark war er gewesen, dieser böhmische Vorfahre, niemand in den Dörfern ringsum konnte es mit ihm aufnehmen, stark und jähzornig.

Wenn von ihm erzählt wurde, dann waren alle empört und entrüstet; aber aller Augen strahlten, jeder wollte immer mehr hören, jedes Mal dürfte etwas schmückendes Rankenwerk dazugekommen sein. So ein fragwürdiger Vorfahre und ein so bemerkenswerter unter all den vergessenen. So himmelschreiend ungezügelt er sich auch aufgeführt hatte auf Erden, denn bei seiner Lebenslust hat er gewiß irgendwann irgendwo auch die anderen beiden Gespanne versoffen. Ohne sein wüstes Wochenende in Kosmanos wäre wohl keine Nachricht von ihm auf die Nachwelt gekommen. Bis zu uns, über so viele Generationen.

Dieser Urahne mit seinen barocken Manieren war aber noch nicht der Vorfahre am fernsten Horizont gelebter

Vergangenheit, da war einer gewesen, zu Zeiten eines langen, alles verwüstenden Krieges, vielleicht ein Schicksal im Dreißigjährigen Kriege, vielleicht gar eines zur Hussitenzeit. Nichts war von ihm erhalten geblieben als die Moritat seines Todes, kein Ort, kein Name, keine Jahreszahl, nur die Legende seines Todes.

Einer unserer Vorfahren war Waldläufer gewesen, also ein kaiserlicher Jäger oder Jagdaufseher in den kaiserlichen oder fürstlichen Wäldern, vielleicht unter Clam-Gallas, vielleicht unter Wallenstein. Wilderer und Raubschützen haben ihn gehaßt und aufs Blut verfolgt, aber er war der gewandteste Waldläufer und beste Schütze, den gerissensten Wilderern blieb er auf der Spur. Da haben die Raubschützen sich eines Tages zusammengetan und ihn nach tagelanger Hatz in einem furchtbaren Kampf schwer verwundet und am Ende in einen Steinbruch gestürzt. Er hatte aber ein so zähes Leben, daß er noch erzählen konnte, mit wem er Kugeln gewechselt hatte. Zwei Tage und zwei Nächte hat er noch gelebt, unser Urahne, so ein zähes Leben hat er gehabt.

Tante Käthe konnte es gut erzählen mit ihrem harten Humor. Großmutter hat mir die Geschichte auch erzählt, etwas anders in den ausschmückenden Episoden; für die hinterbliebene Familie hatte später der Fürst gesorgt. Vor allem aber wußte sie noch eine andere Geschichte, darin war unser Vorfahre aus längst vergessenen Zeiten ein mutiger und gefürchteter Wildschütze gewesen, der holte für seine Familie immer Fleisch heran, sie lebten wie die Fürsten. Und niemals vermochten die kaiserlichen Jagdaufseher ihn zu fangen. Einmal hatte er sogar einen ausgeschlachteten Hirsch in einem Sarg in die Stadt tragen lassen, als Prozession. Einer mit dem Kruzifix vorneweg.

Eines schönen Tages aber ist er verraten worden. Jagdaufseher haben ihn gehetzt und eingekreist an einem Steinbruch, und da ist er hinuntergesprungen, um seine Verstecke nicht zu verraten. Es ist aber so ein zähes Leben in ihm gewesen, daß er noch zwei Tage gelebt hat, die Gendarmen hat er ausgelacht, wenn er etwas verraten sollte, kein Wort haben sie aus ihm herausbekommen. Ein so starker Mensch war er bis zum Tode.

Merkwürdig verschränkt ist die Kunde auf uns gekommen vom fernsten Ahnen im Böhmischen und im Sagenhaften. Wird wohl ein Wilderer gewesen sein, ein bekannter Wilderer mit einem schlimmen Lebensende in einem Steinbruch. Spätere Generationen haben beim Erzählen sein Schicksal gnädig gewendet. Zwei starke Brüder, gegnerischen Mächten dienend im harten Lebenskampf.

Ich finde es schön und poetisch, wie die verwittertsten Erinnerungen an Menschen unserer Familie so legendenhaft enden im fernen Böhmen eines fernen Jahrhunderts. Merkwürdig aber ist es auch, die Moritat eines solchen wie mit dem Beil aufgespaltenen Schicksals.

Kalendarisch-Astrologisches

Großvaters Kalender, diese Sächsischen Soldatenkalender und zwei andere alte sächsische Kalender, lagen als kleiner Stapel in seiner Sitzbank, neben der Schachtel mit den beiden Orden und dem falschen Brief über seinen Tod im Lazarett, den Heldentod. In der Schachtel lag auch der Granatsplitter, ein Stück aufgerissenes Eisen, wie mein kleiner Finger etwa; was es damit für eine Bewandtnis hatte, ob der ihn verwundet hatte, das erfuhr man nicht. Vielleicht hatte er davon seine Narben. Narben mußte er doch haben, sonst hätte er ja den Wetterumschlag nicht in seinen Beinnarben fühlen können. Ich habe sie niemals gesehen, Großvater hatte immer Hosen an. Warum erzählen Soldaten, die über Monate hin in so mörderischem Grabenkampf gestanden haben, so wenig vom Krieg; vielleicht deshalb, sie lassen die anderen reden.

Der Meteoritte und der aufgeschlagene Meteoritte, die lagen in der brasilianischen Zigarrenkiste. Daneben lag der Vorrats-Tabak, die Schlingen; der wurde gepascht. Und der Priem, auch eine große Packung, der war in einer Blechschachtel, er roch nach Pflaumensaft. Der große kupferne Granatring lag im Vertiko, beim Fotoalbum. Die Bibel lag auch da, ein gedrungenes Buch in schwarzem Kaliko, kein schönes Buch. Dabei lag das »Traumbuch«, ein altägyptisches Traumbuch mit Briefmarken- und Blumensprache im Anhang. Es gehörte Mutter, die hatte es aber bei Großmutter deponiert; Vater war nicht zu haben für solchen unwissenschaftlichen Kram, davon hielt er nichts. Großvater hielt auch nichts vom Träumedeuten, aber es störte ihn nicht; vermutlich träumte er wenig. Träumen und Träumedeuten, das war Weiber-Mumpitz. Gab ja so viel Weiber-Mumpitz.

Wenn Mutter etwas geträumt hatte, meist was Schlimmes, suchte sie mit Großmutter nach der Bedeutung; Mutter träumte viel. Das Geträumte mußte unter einem Stichwort gesucht werden hinten im Verzeichnis. Meist gab es das gar nicht, dann hielt man sich eben an etwas Ähnliches. Also statt »Hühner« eben »Gans«, das ist ja auch fast Hühner; ich weiß aber heute nicht mehr, was einem eine geträumte Gans einbrachte. Wer von Rosen träumte, wurde demnächst von allen beneidet. Perlen bedeuten immer Tränen. Von einem Hundewagen träumen, also von so einem Bernhardiner vor dem Milchwagen oder vor der Karre des Lumpenhändlers, das verhieß dem Träumer eine schöne und weite Reise. Ich weiß nicht, ob Mutter mal von solch einem Hundewagen geträumt hat, eine weite schöne Reise hat sie niemals gemacht im Leben.

Das ganze altägyptische Traumbuch war aber nur so ein dickes Heft, eine Broschüre mit einem Magier auf dem Umschlag. Der Magier in seinem indischen Gewand dachte nach, er dachte so angestrengt nach, daß ihm ganze Strahlenbündel aus den Augen kamen. So sah der einen an.

Beim Tode der Tante Elsbeth habe ich das Buch noch mal in der Hand gehabt, sie hatte es geerbt. Gedruckt war es im Jahre 1923 in einem Verlag für »Okkulte Wissenschaften«; dort hätten wir auch das »Siebte Buch Mose« bestellen können, mit allen sieben Siegeln, unerbrochen; sogar auf Raten. Aber das siebte Buch Mose hätte unseren Etat wohl überschritten. Und Geschäfte auf Raten wurden nicht gemacht, *eine* finanzielle Katastrophe hatte uns Mose gelehrt.

In den Zwölf Nächten wurden die Träume sogar aufgeschrieben, also in Stichworten aufgeschrieben. In den Zwölf Nächten stand ja jede Nacht für einen ganzen Monat! In diesen Nächten wurde reichlich geträumt, und Wildes, Unerhörtes! Zwischen Heiligabend und Hohem Neujahr aßen doch alle gut und viel und fett, schwerer Kartoffelsalat mit viel Mayonnaise noch am späten Abend, und viel mit Zwiebeln; das gab Träume, das gab Ereignisse in dem zugehörigen Monat; das machte so ein kommendes Jahr schicksalsträchtig. Es kamen ja auch die »dunklen Vierziger«. – Wäre das nicht ein sinnträchtiges Gegenstück zu den »Goldenen Zwanzigern«, von denen im Viebig keiner etwas abbekommen hatte?

Von allen Kalendern habe ich besonders den Kalender des Jahres 1929 studiert. Vom Kalender bekam man doch anläßlich seines Geburtstages einen alten berühmten Namen ans Herz gelegt, meistens einen aus der Bibel. Ich bekam gleich zwei Namen zum besonderen Bedenken und Gedenken: Abel und Seth. Adam und Eva hatten bekanntlich zwei Söhne, und der Ältere – der Kain – erschlug seinen jüngeren Bruder, eben den mir zum Bedenken gegebenen Abel. Aber die hatten noch ein drittes Kind, den Seth. Unbekannt weithin wohl, weil von ihm nichts überliefert worden ist und über ihn, jedenfalls nichts Vergleichbares zu der Mord-und-Totschlag-Geschichte der zwei anderen Brüder. Wer weiß, was mit ihm gewesen war, und man hatte es dermaleinst für gut befunden, es nicht weiterzuerzählen. Dieser Seth war mir also auch mit auf den Lebensweg gegeben. Einer, der jung erschlagen worden war in der Familie, und einer, von dessen Leben man nichts wußte. Stoff zum Nachdenken, Stoff zum Nachdenken für ein ganzes Leben.

Mit diesem dritten Sohn von Adam und Eva war es wie mit den zwei unbekannten Schwestern von Mutter, sie müssen sehr früh gestorben sein, es gab nicht einmal ein Grab. Nur wenn wir gießen gingen auf den Friedhof oder pflanzen oder abdecken mit unseren Deckreisigbündeln im Spätherbst für Totensonntag, dann wurde von ihnen gesprochen, von Alma und Selma, von Menschen, die kein Leben gehabt hatten. Auch wieder Mädchen; Großmutter hatte fünf Mädchen zur Welt gebracht. Großvater hatte sich ganz gewiß Söhne gewünscht, junge Krieger; vielleicht war er deshalb so in sich gekehrt. Keine Söhne. Und dazu noch diese sozusagen tschechische Verwandtschaft, also dieses Böhmische, wo er doch ein Preuße war. Tante Else und Tante Käthe, die hatten ja auch wirklich ein Mundwerk, dagegen war kein Ankommen; da ging Großvater lieber gleich zu den Karnickeln, bis der Kaffee aufgebrüht war, bis es Kuchen gab.

Meine lebenslange Skepsis allen diesen Wettervorhersagen gegenüber, die stammte wohl auch aus dem Kalender. Der Januar meines Geburtsjahres sollte gelinde sein, vor allem das letzte Drittel. Der Winter Achtundzwanzig auf Neunundzwanzig muß aber einer der grimmigsten und ausdauerndsten Winter des Jahrhunderts gewesen sein. Strenger Frost über viele, viele Wochen hin mit etlichen Tagen von dreißig Grad Kälte. Windeln sind der Mutter gleich angefroren beim Anklammern, aufgehängte Wäsche ist beim Abnehmen zerbrochen, Handtücher wie Bretter. Wie oft ist das bei uns erzählt worden. Das muß ein Winter gewesen sein, der Winter Achtundzwanzig auf Neunundzwanzig.

Ein Mittwochskind bin ich übrigens zudem noch, also von zwei Sonntagen gleich entfernt, brauchte mir also auch in dieser Hinsicht niemals Illusionen zu machen. Und natürlich war das Jahr 1929 ein Gemeinjahr zu 365 Tagen. Gemeinere Jahre gibt's ja nicht.

Planet Saturn tauchte am 2. Januar am Morgenhimmel auf, Saturnus ist der Gott des versprochenen Goldenen Zeitalters, und wenn ich recht unterrichtet bin, war es der, der seine eigenen Kinder gefressen hat; interessante Aspekte am Horizont. Die Sonne ging an diesem Tage um 8.13 Uhr auf, in den letzten Dezembertagen ging sie um 8.14 Uhr auf, das waren die längsten Nächte des Jahres. Also eine Minute war der Tag schon nicht mehr so beängstigend kurz, als ich zur Welt kam, ein Hoffnungsschimmer. Ein Brinkl oack, hätte man im Viebig gesagt, oack ein Brinkl, aber eben doch ein Hoffnungsschimmer.

Ich hätte auch zu gerne einmal erfahren, zu welcher Stunde ich denn das Licht der Welt erblickt habe, aber dergleichen interessierte nicht in der Familie. Es muß am Abend gewesen sein, vermutlich am frühen Abend, denn dazu gab es eine Familienanekdote. Großvater war nach der Grube wohl noch im Kretscham gewesen, dort scheint er in Vorfreude auf einen Enkel etliche doppelte Klare zur Brust genommen zu haben, und die Ahnung hatte ihn ja nicht getäuscht. Es sollte aber noch bewegt werden für ihn an diesem Abend. Großmutter, die der Hebamme zur Hand gegangen war, empfing ihn an der Kammertür mit Tante Käthe, und nach kurzem Wortwechsel, dem er wohl nicht viel entgegenzusetzen hatte, mußte er sich doch am Türpfosten festhalten, hat ihm Tante Else eine Schüssel Heidelbeeren ins Gesicht geschüttet! Da hatte er die Ansicht der Frauen zur Rolle eines Großvaters in einer solchen Stunde; und bei uns waren die Heidelbeeren in großen Einmachgläsern.

Dieses Familienvorkommnis in der Erregung, meine Geburt soll für Mutter eine sehr schwere Geburt gewesen sein über zwei Tage hin, hat alle übrigen Umstände zugedeckt, es ist ja auch oft genug erzählt worden. Es wurde übrigens nur erzählt, wenn Großvater bei den Kohlen war oder bei den Karnickeln. Oder hinten bei Schön-Kurt.

Die Jahreskalender, diese quadratischen dicken Hefte, es gibt sie seit dem Dreißigjährigen Krieg, sie waren wohl oftmals die einzige Lektüre das Jahr über neben der Bibel, bei den einfachen Leuten auf dem Dorfe. Ich lese heute noch gern in diesen Volkslesebüchern vergangener Zeiten. Wie naiv diese Geschichten und Anekdoten erzählt sind, auch die Spruchweisheiten, und wie gescheit dabei und wie schön bildhaft. Wie Prosa von Johann Peter Hebel, der war ja auch Kalendermacher. »Gilt Siegel, Brief, Hand und Zusag' nicht mehr, Wo nimmt die Welt einen Glauben her?« Das stand in so einem alten Kalender. Und »Weil die vergangene Zeit schlechterdings unwiederbringlich ist, und du nicht sicher bist, ob dir die künftige zuteil werde, so bleibt dir nichts anderes übrig, als einen guten Gebrauch von der Gegenwart zu machen.«

Diese alten Kalender waren menschlicher als unsere heutigen, unsere Terminkalender fürs Jahr. Über jedem Monat stand ein Monatsbildchen, meist ein Holzschnitt, der Ablauf des Jahres eines Menschen in der Natur. Und alle paar Tage erscheint eine andere Mondphase in der entsprechenden Spalte der Himmelsereignisse, immer das gleiche Spiel, von der zarten Sichel bis zum Vollmond, am Ende dieses schwarze Neumondgesicht. Neumond haben wir immer dann, wenn wir keinen Mond haben; das wollte mir lange nicht in den Sinn, es war wohl die instinktive Hochachtung vor allem, was neu war, was noch unbenutzt war. Sonntage und Feiertage schön rot ausgedruckt, eben besondere Tage; Tage, auf die sich der Mensch freut.

Schade, daß solche Kalender nicht mehr gemacht werden, freilich waren sie naiv, sie waren aber auch menschlich auf eine anrührende Weise. Es könnte ja sein, Naivität und Menschlichkeit gehören enger zusammen, als wir uns träumen lassen. Kalender sollten unserer modernen Zeit gemäß sein, zudem sollten sie die zarte Mondsichel uns zeigen, den Ablauf der Zeit in der Natur, den weißen Vollmond, den schwärzlichen Neumond. Vielleicht würden wir dann einmal mehr zum Himmel blicken, und wenn wir nur bemerkten, daß die Sterne kaum noch zu sehen sind am nächtlichen Himmel unserer großen Städte.

Noch ein Kalenderspruch: »Wer sich über die Sitten unserer Zeit trösten möchte, darf nur in alten Chronicken lesen.«

Radiohören

Kowno, Beromünster, Hilversum, es war ein Zauber um die Namen auf der matt erleuchteten Skala an Großvaters Radioapparat. Man drehte ein wenig an dem Knopf, dirigierte den Stab zu einem Namen, und schon erklang Musik aus Hilversum oder aus Moskau I, aus Innsbruck, Lyon oder Stimmen aus Hörly, was immer Hörly sein mochte oder wo. Stimmen und Musik aus Sottens, Bari II, Moskau II, Rom, Luxemburg, Scott Reg. oder Belgrad. Was für ein Gewirr fremder, ferner Stimmen! Aus Berlin kamen immer deutsche Stimmen und deutsche Musik, aus Berlin sprach auch der Führer Adolf Hitler, es war ja die Hauptstadt des Großdeutschen Reiches. Aus Wien kam auch deutsche Musik. Aus Prag kamen tschechische Stimmen und tschechische Musik, Großmutter konnte das verstehen.

Einen »Mende«-Apparat hatten wir gekauft, einen Super mit Kurzwelle, keinen Volksempfänger aus Bakelit, die hatten keine Skalennamen. Unsrer hatte ein Edelholzgehäuse, furniert und poliert; und der Antennendraht bis in die Linde hochgezogen, wir konnten Musik hereinholen aus aller Herren Länder.

Großvater hatte wohl am wenigsten vom Radioapparat, er saß auf seiner Eckbank, rauchte Pfeife und amüsierte sich darüber, wie wir sein Radio hörten. »Mit dem Gongschlag ist es zwölf Uhr«, das imponierte uns, auf die Sekunde hatten wir dieselbe Zeit wie die Reichen in Berlin, wir im Viebig. Es war übrigens mit dem Radio eine uns ganz fremde Zeit in die Häuser gekommen: »Zwanzig Uhr fünfzehn«, das war nicht unsere Zeit. Großvater pflegte nach dem Abendbrot die Wanduhr aufzuziehen, er stellte sie nach seiner Taschenuhr, das war nicht Zwanzig Uhr fünfzehn, das war abends viertelneune. Unsere Zeit.

Kurzwelle war ein Sternenhimmel von Gefiepe und Gemorse; wer weiß, wie viele Schiffe in Seenot darunter waren; im Kino hatten wir es gesehen beim Untergang der

»Titanic«, wie sie SOS morsen, und keiner hört hin. Es gab ja nicht nur die Ostsee und die Nordsee, es gab auch den Pazifischen Ozean auf der anderen Seite der Erde, und alle Ozeane voller Schiffe. Vielleicht hätte man so einen Ruf entschlüsseln können und die Passagiere retten, aber wir konnten nicht morsen. Die Kurzwelle war das Unvorstellbare, sie ging rund um die Welt. Die Reden des Führers wurden so durch Richtstrahler nach Afrika gesendet und nach Nordamerika, nach Südamerika auch und nach Südostasien. Nach Australien wohl auch, in Australien lebten auch Deutsche.

Das Grammophon war nun das Altmodische, es stand zugedeckt auf der Kommode am Gaskocher; der Radioapparat war die neue Zeit, er mußte nicht aufgezogen werden, er wurde eingeschaltet wie das elektrische Licht. Grammophonplatten mußten wir nicht mehr kaufen, Abspielnadeln auch nicht mehr, obwohl ich mich nicht erinnern kann, daß wir jemals neue Nadeln gekauft hätten, in der Blechschachtel mit dem großen Trichter und dem Hund fand sich immer wieder eine Nadel, die noch spitz genug war, man mußte sie nur gegen das Licht halten und vergleichen. Unsere Platten waren auch schon recht abgespielt, vor allem das Potpourri aus dem »Land des Lächelns«, der Walzer »Gold und Silber« auch. Die Lachplatten mit den Humoristen waren kaum noch zu verstehen, so kratzte und rauschte das, nur eben das Gelächter. Wie wir nur so ein Vergnügen daran gehabt haben konnten an den Feiertagen, wenn Besuch gekommen war. Die Platten mit den Weihnachtsliedern aber, sie wurden an Weihnachtsfeiertagen noch gespielt, das war das Vertraute, das Trauliche.

Nun mußten wir auch nicht mehr zum Hauswirt gehen, wenn der Führer sprach; alle saßen am Radioapparat, wenn der Führer sprach, das war eine Aufregung, eine freudige Erregung, da erfuhren alle Deutschen, wie es weitergeht mit Deutschland. Und wie er mit unseren Feinden umsprang! Zuerst sprach ja immer Dr. Goebbels, so eine erregte helle Stimme. Dann kam der Führer Adolf Hitler, er sprach anfangs ruhig und zögerlich, als ob er gar keine rechte Lust hätte, aber dann. Dann sprach er anderthalb oder zwei Stunden derartig, daß alle zuhörten wie gebannt, denn was hatten denn die Politiker in der Systemzeit zustande gebracht? Erst hatte der kleine Mann auf der Straße sein Geld verloren durch die Inflation, dann mußte er stempeln gehen infolge der Massenarbeitslosigkeit. Jetzt aber war Deutschland wieder geachtet in der Welt. Der Führer verstand auch etwas von den Dingen, von der Reichsautobahn; die Teilabschnitte eröffnete er immer selbst im Rundfunk, sie hießen ja auch die Straßen des Führers. Von Architektur, das hatte er mal studieren wollen, die Großbauten der Partei hat er mitentworfen, das Olympiastadion auch. Er war Schriftsteller, das Buch »Mein Kampf« hatte er geschrieben, und er war Kunstmaler, wenn er auch nicht so viel Geld gehabt hatte wie die Reichen, daß er hätte jahrelang studieren können. So war im Dritten Reich die Kunst in guten Händen, die deutsche, und nicht wie vorher nur die ausländische oder die entartete. Wenn jetzt jemand porträtiert wurde, da sah man, wer es sein sollte, nicht wie vor der Machtergreifung, wo man gar nicht wußte, ob der Maler überhaupt richtig malen konnte. Die Deutsche Wehrmacht war sein Werk, und bei den Olympischen Spielen Sechsunddreißig, da hatten die deutschen Sportler die meisten Goldmedaillen geholt. Die Goldmedaille im Fünfkampf hatte ein Zittauer gewonnen.

Deutschland hatte die besten Rennfahrer, wenn auch Bernd Rosemeyer verunglückt war bei einem Weltrekordversuch, und der Weltmeister im Boxen hieß Max Schmeling. Der Führer hatte einmal in einer Rede gesagt: »Hätten sie lieber boxen gelernt, anstatt solche lateinischen Ausdrücke!« Darüber haben die Männer auf der Hausbank viel gelacht; ja, der Führer gab es den Studierten.

Und warum sollte nicht alles zu Deutschland gehören, wo Deutsche wohnen? Die Sudetendeutschen hinter der Grenze sind doch Deutsche. Und auf den Ämtern mußten sie tschechisch sprechen. Wo gibt es denn so etwas noch einmal, daß die Bewohner eines Landes verschiedene

Sprachen sprechen! In Frankreich wohnen die Franzosen, dort spricht man französisch, und in Italien italienisch, dort wohnen die Italiener. In Schweden spricht man schwedisch. Nur die Deutschen drüben müssen tschechisch sprechen. So etwas Unnatürliches.

Und wie der Führer brüllen konnte, der hatte vor niemandem Angst, vor den Franzosen nicht, vor den Bolschewiken in Moskau nicht, auch nicht vor den Juden in Amerika und den Engländern. Er brüllte ganze Völker an, wenn es nötig war, denn keiner sollte glauben, man könne unsere Friedfertigkeit und Geduld überstrapazieren. Die Polen sollten sich nur in acht nehmen.

So wären die Männer im Viebig auch gerne umgesprungen mit ihren Vorgesetzten in der Fabrik, mit den Fabrikdirektoren, die das große Geld verdienen, doch da wären sie womöglich entlassen worden, das konnten sie nicht riskieren; sie hatten Familie. Aber zuzuhören, wie einer so eine Sprache führt, das tat gut, das brachte Bewunderung.

Wann hatte denn auch jemals ein Mann an der Spitze Deutschlands gestanden, der die Nöte des Volkes aus eigener Anschauung kennt? Adolf Hitler kam aus ganz einfachen Verhältnissen, war selber jahrelang arbeitslos gewesen, und er wußte, was Krieg bedeutet, vier Jahre lang hatte er als einfacher Soldat in den Schützengräben gelegen, als Meldegänger, mehrfach verwundet, nicht wie die Generäle weit hinter der Front in den Kasinos in Saus und Braus und Sekt trinkend oder wie der Kaiser in seinen Schlössern und die Politiker der Weimarer Republik und jüdische Kriegsgewinnler und Schieber in ihren Villen in Berlin. Der Führer brauchte den Frieden wie das tägliche Brot für unseren Vierjahresplan, den Bau der Autobahn, den Bau des Volkswagens und den Aufbau der deutschen Wehrmacht. Man sah es ja in der Wochenschau, wie der Führer sich einen Teller Erbsensuppe aus der Gulaschkanone geben läßt am Eintopfsonntag, fleischlos, Hermann Göring auch. Da lebten wir ja fürstlich dagegen, bei uns gab es sonntags eine Suppe vor dem Essen.

Ich erfuhr auch etwas Unheimliches, Beängstigendes aus diesen Reden, und wie die Erwachsenen sich unterhielten darüber, es ging um die Versklavung durch den Versailler Vertrag. Der Führer hatte nach der Machtergreifung diesen Vertrag zerrissen vor dem Völkerbund oder vor allen Völkern, nicht eine Mark zahlten wir seitdem mehr an unsere Feinde, nicht eine Mark, das kam uns nun alles selber zugute. Hunderte von Milliarden Goldmark hätten wir sonst zahlen müssen bis zum Jahr Zweitausend und darüber hinaus. Mein ganzes Leben lang hätte ich arbeiten müssen für unsere Feinde, und ich war ja erst zehn Jahre alt. Meine Kinder hätten lebenslänglich zahlen müssen, meine Enkelkinder auch. Ich konnte mir schon meine Kinder nicht vorstellen, meine Enkel schon gar nicht, und dann noch versklavt. Goldmark konnte ich mir auch nicht vorstellen, wir hatten doch Reichsmark. Und Milliarden, nicht Millionen. Das alles war von uns genommen durch einen Federstrich. Jetzt mußten unsere Feinde wieder selber arbeiten, wenn sie gut leben wollten; kein Wunder, daß sie so eine Wut auf uns hatten und vor allem auf unseren Führer.

Nach der Führerrede und nach den Liedern der Bewegung übertrug das Radio die lange, laute Begeisterung, das »Heil«-Rufen und »Wir danken unserm Führer!« Also so begeistert waren wir im Viebig nicht, das war nicht unsere Art. Wir erzählten uns lieber immer wieder, wie Adolf Hitler es den Feinden gegeben hatte, und wie er gesagt hatte, daß die ärmsten Söhne Deutschlands auch seine treuesten sind. Nach der Begeisterung kam die Marschmusik, Militärmärsche, das war ein Volksfest, das war etwas für Großvater, schneidige Militärmusik. Und sollte er sich nicht freuen, wenn er erfährt, daß er eben nicht für einen Dreck gekämpft hatte und seine Gesundheit eingebüßt Vierzehn bis Achtzehn, wie Herr Fährmann ihm sagte, der Kommunist. Sondern er hatte gekämpft und das alles ausgestanden für Deutschland, für Deutschlands künftige Größe. Und im Felde unbesiegt.

In den Tagen danach kamen die abendlichen Gespräche auf der Hausbank immer wieder auf die Direktübertragung aus Berlin. Im Moment, da Adolf Hitler und Dr. Goebbels gesprochen haben, haben wir sie gehört, und in welcher Lautstärke! Das war möglich durch die Radiowellen, durch die Kreise und die Röhren im Radioapparat. Man konnte doch den Deckel hinten aufmachen, wenn es auch verboten war. Da standen die Röhren drin auf dem Brett, die Lampen – je mehr Lampen desto teurer der Apparat –, sie glühten rötlich, wenn eingeschaltet war. »Telefunken« hatte sogar Radioapparate mit Motor. Und durch den Antennendraht wurde das alles hereingeholt. Weltberühmte Sänger bei uns, ganze Opern, Musik von den berühmtesten Orchestern aus allen Hauptstädten der Welt, und was für ein Klang; das Grammophon war erledigt. Bei Autorennen dröhnten die Motoren, als ob wir dabeistehen. Natürlich mußte diese Erfindung erst einmal gemacht werden, und vermutlich hatte ein Deutscher die Sache erfunden.

Also die Männer debattierten das, die Frauen hatten sich anderes zu erzählen, zudem stopften sie Strümpfe oder strickten; Weihnachten war schnell heran, sie waren mehr praktisch. Für die Frauen war das eben so mit dem Radio, sonst hätten wir es ja nicht hören können, Gebühren kostete es zudem, zwei Mark waren Geld. – Und wenn auch vieles ungeklärt blieb und unerklärlich durch die technischen Probleme, eines war jedenfalls klar: Das Radio war eine der größten Erfindungen aller Zeiten, und es war wohl kein Zufall, daß es gerade im Dritten Reich erfunden worden war oder sich so ausgebreitet hatte. Alle Deutschen konnten nun daran teilnehmen.

Ein bedrohlicher Brief

Im Frühjahr 1943, irgendwann in den Tagen meiner Entlassung aus der Schule, ist der Brief gekommen, der geheimnisumwitterte Brief, der soviel Aufregung ins Haus brachte. Die Briefträgerin hatte ihn gebracht, er hatte aber keinen Absender gehabt oder einen falschen. Da ich von dem Brief nichts wissen sollte, dachte ich zuerst, er hätte etwas zu tun mit meiner Lehrstelle in den Phänomen-Werken; daß ich doch nicht für würdig befunden worden sei zur Werkzeugmacher-Lehre.

Die Post hatte den Brief gebracht, aber es war kein Feldpostbrief, und uns schrieb sonst niemand Briefe. Es war ein Brief von unbekannter Hand, aber von einer Hand aus dem Dorfe, das besagte der Poststempel.

Mutter war tagelang ganz verängstigt, Tante Else und Tante Käthe kamen extra aus Zittau in den Viebig, alles wurde nur bei der Großmutter unter den aufgeregten Frauen besprochen, wenn Großvater auf Arbeit war. Der Brief war ein »Kettenbrief«. Ich durfte davon nichts wissen, die Unterhaltung verstummte, wenn ich dazukam. Aber soviel erfuhr ich mit den Tagen: es war ein Unfug und Aberglaube und ein übler Scherz, und daß es »gegen Hitler« ist. Mutter hatte mir in ihrer Erregung etwas erzählt. Er handelte von den goldenen und den silbernen Götzen, und daß die Rolle mit sieben Siegeln versiegelt ist von sieben Geistern, und sechs Siegel sind schon geöffnet. Dann wird es Zentnerstücke auf die Menschen herunterhageln, und der dritte Teil allen Lebens wird zugrunde gehen, und der dritte Teil des Meeres wird zu Blut, wenn wir zu den Feigen gehören und Befleckten und Mördern und Mördergehilfen und Götzendienern. Und ein fahles Pferd mit dem Namen »Tod«.

Man mußte diesen Brief von unbekannter Hand sieben Mal abschreiben, damit die Kette weitergeht. Tat man das nicht oder zeigte es an bei den Behörden, bei der Partei, dann traf einen eine schwere Strafe. Ich glaube mich zu erinnern, daß dann die Männer nicht heimkämen aus dem Felde, oder wenigstens nicht mit gesunden Gliedern.

Hatten wir ihn sieben Mal abgeschrieben und abgeschickt – wie das siebente Buch Moses oder »Sieben Jahre Glück« und »Sieben Jahre Pech« mit Hans Moser und Theo Lingen, wie die sieben Siegel (es mußte immer die Zahl Sieben sein) –, dann war alles wieder gut, dann war der Kelch an uns vorübergegangen.

Nun hätten wir ja unsere Handschrift verstellen können, aber wer von uns konnte das? Wir hatten ja schon Mühe, so zu schreiben, wie wir schrieben; die Weihnachtskarten mit dem Gruß fürs Glückliche Neue Jahr, das wurde doch immer bis auf den letzten Tag aufgeschoben. Oder die Beileidskarte von Bilder-Münch, mit dem schwarzen Trauerrand vorn auf dem Kuvert, wenn jemand im Dorf gestorben war. Auf der Post wäre es ja doch herausgekommen, weil niemals einer von uns sieben Briefe geschrieben hatte.

Nun hätten wir sie uns gegenseitig schicken können, nach Eichgraben und nach Zittau. Aber was machte dann die Tante Elsbeth? Sollte sie den Kettenbrief zu Onkel Erwin schicken nach Rußland? Dann saßen die alle im Unglück und in der Patsche; dann mußten die Soldaten das gegen Hitler sieben Mal abschreiben. Es war kein Rauskommen aus der Sache.

Niemals habe ich erfahren, was am Ende aus dem »Kettenbrief gegen Hitler« geworden ist. Großmutter wird ihn wohl verbrannt haben oder versteckt, und alle beruhigt. Dieser Brief hat Mutter noch lange geängstigt: Was wir vielleicht heraufbeschwören auf unser Haupt, wie immer wir uns auch verhalten. Aber so war es wohl das kleinere Übel gewesen.

Eine ungeheuerliche und ungeheure Geschichte, wenn man es sich heute mit Abstand bedenkt; diese Drohung, daß die Männer nicht heimkommen aus dem Felde, wenn wir Feiglinge sind und Befleckte und Mördergehilfen, und der dritte Teil allen Lebens wird zugrunde gehen, wenn wir diesen apokalyptischen Brief von unbekannter Hand nicht abschreiben sieben Mal.

Herr Überschähr

Im Spätsommer oder im Frühherbst dieses bewegten Jahres wurde ein Sudetendeutscher – oder was immer er gewesen sein mag – bei Tante Elsbeth in Eichgraben einquartiert, als Untermieter. Noch an dem Tage, als die eingewiesene Familie mit den kranken Kindern, die Frauen aus Schlesien, nach Mecklenburg weiterzogen.

Herr Überschähr kam aus Reichenberg, und er war Eisenbahner, er trug Eisenbahneruniform; darum war er auch unabkömmlich gewesen im Kriege. Er war aber auch Dolmetscher bei den Russen, er sprach fließend russisch, außer deutsch und tschechisch. Herr Überschähr kam an mit neuen Lederkoffern, ein Auto hatte ihn gebracht, er war aber ausgewiesen worden, wie alle Deutschen ausgewiesen wurden. Rausgeschmissen, nannten wir es, weil sie ja kaum etwas mitnehmen durften, nur eben, was der Mensch zu tragen vermochte. Aber da hieß es auf die Worte achten, da hieß es aufpassen, sonst konnte einem ein Strick gedreht werden aus einem falschen Wort, da war man gleich Faschist. Die Umsiedler erzählten doch, was sich drüben abgespielt hatte im Mai in den Städten, und in den Sommerwochen danach. Wie es den jungen Frauen ergangen war, wie die Sieger sich ihr Mütchen gekühlt hatten. Wie viele ältere Leute ihrem Leben selbst ein Ende gesetzt hatten, als sie erfuhren, daß sie auf die Straße sollten, ins Ungewisse.

Jetzt bestimmten eben die Tschechen zusammen mit den Russen, wie vorher die Deutschen bestimmt hatten, und vor allem in Reichenberg. Das war nun nicht mehr die Hauptstadt des Sudetengaues, es hieß jetzt Liberec. Dafür hatten wir zuerst die anderen Völker überfallen, den Krieg angefangen und am Ende verloren. Schon immer war das so gewesen: der Sieger bestimmt, worüber geredet werden darf und wie darüber geredet wird, also was Recht ist und was Unrecht. So ist das, seit die Welt besteht, sagte Großvater, und wir werden das nicht ändern.

Trotz all seiner böhmischen Freundlichkeit, Tante Elsbeth hatte Angst vor diesem Untermieter. Er konnte sie anlächeln, als hätte er etwas mit ihr vor; er machte auch gerne Andeutungen, wieviele einflußreiche Freunde er habe auf der Kommandantur in Zittau, also russische Offiziere. Warum hatte er aber dann nur die zwei schrägen Kammern zugewiesen bekommen?

Nicht einmal mit seinem Namen wußten wir eigentlich, woran wir waren, denn es war Post gekommen an einen Herrn Sima, das war er auch. Oder Tante Elsbeth hatte solche Briefe gefunden. Merkwürdig. Wir redeten niemals etwas Politisches, wenn er in der Nähe war, nur immer so Allgemeines. Die Tante fürchtete, er könnte sie eines Tages aus dem Haus treiben mit den Kindern; wußten wir denn, was er über uns redet auf der Kommandantur? Oder könnte mal uns das Haus anzünden überm Kopfe! Warum alle von uns sowas fürchteten, das werde ich gleich erzählen. Und Herr Überschähr mauste; wir mußten aufpassen auf alles, was nicht niet- und nagelfest war, da nützten Schlösser so gut wie nichts. Er ging auch an die Kartoffeln im Keller und im Großen Schuppen an die Kohlen. Vor allem aber holte er sich Obst im Garten, wie er wollte, aber nur, wenn keiner im Hause war; niemals ließ er sich beim Stehlen erwischen. Dafür legte er dann die Äpfel und Birnen oben bei sich auf dem Flur auf großen Packpapierbogen aus, ganz frech; das waren eben seine Wintervorräte. Die Tante wagte nicht, etwas zu sagen, aber wir kannten doch unsere Apfelsorten und die großen gelben Butterbirnen, die hielten sich ja nicht. Dabei war er immer charmant und hilfsbereit, machte Komplimente und erkundigte sich freundlich und anteilnehmend nach allem, wollte Einblick haben in alles; bei sich selber aber ließ er keinen hineinsehen. Überfreundlich nannte es Tante Elsbeth, scheißfreundlich, ein »Biehmscher« eben.

Die Angst, daß er einmal etwas ganz Unberechenbares machen könnte, kam uns durch seine Pilzmahlzeiten, seine Mahlzeiten giftiger Pilze. Herr Überschähr ging wie wir alle in die Pilze. Der Wald war ja nur paar Minuten oberhalb des Hauses, und das waren doch immer Mahlzeiten zum Sattwerden; aber er nahm Pilzsorten, die wir nicht nahmen, er nahm auch die Fliegenpilze, diese großen rotbunten Platschen schnitt ihm keiner weg. Fliegenpilze standen bis in den November hinein an geschützten Stellen, da hätte man schnell einen halben Korb vollgehabt; und die vielen Täublinge. In seinem großen alten Emailletopf kochte er sich dann paar Liter Suppe, Pilzsuppe mit Getreideschrot oder Kartoffeln. Damals verwendeten wir alle Suppentöpfe, trotz aller Not, wie später niemals wieder! Was waren schon anderthalb, zwei Liter Krautsuppe zu einer Mahlzeit für einen, es war ohne Einbrenne. Man wurde nur so voll, aber niemals recht satt, weil doch kein Fett dran war; ja wenn man hätte Brot dazu essen können.

Bald danach begann oben das Theater, der Untermieter fing an zu singen, redete mit sich selber, dann kam er herunter mit seinem Essen, lachte und erzählte pausenlos, alles laut und lustig und amüsiert, als ob er betrunken wäre. Er versprach, uns von seiner Sonderverpflegung abzugeben, wenn er mal wieder Sonderverpflegung bekommen würde; das machte uns schon mißtrauisch, weil er niemals einen Löffel Schmalz abgab oder eine Scheibe von dem feuchten schwarzen Kastenbrot. Einmal im Monat brachte er nämlich eine große Tasche Lebensmittel an: zwei, drei Kommißbrote, groben Zwieback, eine Flasche Öl, kleine Schmalzfleischbüchsen, die lagen dann bald in der Aschegrube, wie ausgeleckt. Braunen Zucker hatte er auch und Tabak, guten Tabak.

An etliche Sonntagnachmittage erinnere ich mich, wenn er sich übermütig zu uns setzte, sich so aufführte, so verrückt. Herr Überschähr war ein kleiner, hagerer beweglicher Mann, pfiffige Augen, immer zuvorkommend; man konnte denken, er sei mal Kellner gewesen. Jemand hatte auch gesagt, ihm stehe der Tod im Gesicht geschrieben. Das glaubte man aber nicht, denn er war voller Pläne, erzählte, wie er als Dolmetscher in alles eingeweiht sei in der Kommandantur, was er uns gar nicht sagen darf oder eigentlich nicht sagen dürfte; es kann ihn den Kopf kosten, weil die gesamte Oberlausitz in ein Großtschechisches Reich eingegliedert wird, alles Land bis weit über Bautzen hinaus, bis in die Niederlausitz hinein, soweit eben die Sorben und Wenden wohnen. Dann werden auch wir ausgiedelt wie die Schlesiendeutschen, wie die Sudetendeutschen. Solche Sachen erzählte er, dabei schien er sich zu amüsieren. Und daß es einen neuen Krieg geben wird, einen zwischen Amerikanern und Russen, es sei nur noch eine Frage der Zeit, eine letzte Entscheidungsschlacht und schlimmer als der ganze Krieg; dann wird sich das Blatt wenden, alles wird noch einmal ganz anders, dann gibt es auch für ihn Rehabilitation als tschechischen Patriot und Kommunisten, es stehen inzwischen genügend Villen leer in Reichenberg.

War Großmutter nicht mit dabei, redete er auch tschechisch auf uns ein, auch russisch. Da beschimpfte er uns, das sah man ihm an, sein Lächeln vermochte das nicht zu verdecken. Nemez, das hieß ja Deutscher, und ein paar Schimpfworte kannten wir.

Wir würden uns alle noch wundern eines Tages! Hitler hatte nur alles falsch angefaßt, durch seinen Zweifrontenkrieg, aber auch diesbezüglich ist das letzte Wort noch nicht gesprochen. Er meinte die Polen, die neue Grenze an der Neiße, weil es nicht geht dort ohne die Deutschen. Er schimpfte auch auf die Juden, wie sie überall die Drähte ziehen; man wußte bei ihm überhaupt nicht, was man denken sollte. Er wußte auch alles über die Slawen. Slawen waren unberechenbar, vor allem der Russe, durch die lange Mongolenherrschaft: heute teilt er noch das letzte Stück Brot mit dir, morgen trampelt er auf dir herum, brutal und gnadenlos. Und wenn er jetzt das »Lied vom Doppeladler« singen würde, dann wäre er ein toter Mann, darauf stehe die Todesstrafe. Dann sang er das »Lied vom Doppeladler«, und wie laut! Russenlieder sang er und die

Internationale, aber auch deutsche Soldatenlieder, vom Afrikakorps und Bomben gegen Engelland und das Lied der Sudetendeutschen.

Zwischendurch redete er wie aufgezogen, seine Augen leuchteten, einen Schutzbrief wird er uns ausstellen, wir werden ihm alle noch einmal unendlich dankbar sein. Man konnte glauben, daß er in Wahrheit eine Persönlichkeit sein muß, die hier nur so lebt unter uns; aber eines Tages!

Das konnte etliche Stunden so gehen, es war ja auch amüsant; niemand widersprach ihm, vielleicht schenkte er uns doch eine Schmalzbüchse. Ich wußte auch gar nicht, was denn das »Lied vom Doppeladler« sein sollte, dieses »Gott erhalte, Gott beschütze...«, und warum darauf der Tod stand. Wir hatten mehr Angst vor den Soldatenliedern, daß jemand von der Straße her es hören könnte. Ihm schien das gleichgültig zu sein, er sang und sah uns dabei an, als wisse er ganz genau, was eines Tages sein wird; aber noch darf er mit keinem darüber sprechen.

Nach seinen endlosen lautstarken und herzlichen Auftritten verschwand er, als sei ihm plötzlich schlecht geworden; er verkroch sich in seiner Schlafkammer, schlief bis zum nächsten Abend. Zwei, drei Tage blieb er auch noch so kleinlaut, ging jedem aus dem Wege, kaum daß er grüßte; an seine Versprechungen erinnerte er sich ohnehin nicht. Danach aber wurde er wieder frech, da mauste er wieder wie ein Rabe und sah uns in die Augen.

Sein charmantes scharfes »eines Tages« habe ich noch im Ohr. Er ist aber nur gestorben, eines Tages, im Jahre darauf, der geheimnisvolle Untermieter Überschähr, oder wie immer er geheißen haben mag. An ein Begräbnis kann ich mich nicht erinnern, er hatte wohl keine Familie. Niemals waren Verwandte zu Besuch gekommen, nicht einmal Arbeitskollegen waren gekommen bei seinem Tode. Seine Hinterlassenschaft hat man aufs Gemeindeamt gebracht.

Ein verschollenes Schicksal unter Hunderttausenden verschollener Schicksale jenes Jahrzehnts. Ein begabter

Mensch mit dunkler Vergangenheit, oder schwer aufhellbarer; ein Mensch vermutlich, der sich so durch die Brüche und Klüfte der Geschichte hindurchzuwinden versucht hatte, wohl mehrfach die Fronten wechselnd oder wenigstens die Richtungen. Gelebt am Ende und erloschen ohne Würde, wie immer sein Leben ausgesehen haben mochte. Soviel ich mich erinnere, hat Großmutter in den ersten Tagen das Gespräch gesucht, danach aber immer mit Mißtrauen von ihm gesprochen. Sie hielt nichts von ihm, beobachtete ihn schweigend, wenn er uns imponierte.

Aber das war kein Mann ohne Fähigkeiten. Er hatte Kenntnisse; mich hat er mehrmals ins Gespräch gezogen, und wohlwollend. Wir haben darüber gesprochen, was ich einmal werden könnte im Beruf, ich habe Zukunft, dafür habe er einen Blick. Man muß Matura haben, erklärte er immer, dann stehe einem die ganze Welt offen. Ich aber habe ihn nicht gefragt, ob er denn Matura habe; ja ich wußte nicht einmal, was das bedeutet: Matura. Wir waren in Eichgraben und im Jahr 1945.

Begegnungen Erinnerungen

Der Alte Rudolph

1

Alle Knochen tun einem weh nach einer Stunde bei diesem Modellsitzen, denn man wagt ja nicht, sich zu bewegen unter seinem Blick. Bewegt man aber mal die verspannten Schultern, dann läßt er den Arm mit der schweren Palette und der Garnitur Pinsel sinken, ein befremdliches Lächeln trifft einen, das meint: Könn Sie nich mal eine Stunde auf einem Stuhle sitzen? Ich steh' doch ooch hier! Und wieder beginnt das monotone Wechselspiel von Beobachten und Malen und Beobachten und Malen, ohne Pause.

Einen prachtvollen antiken Stuhl hat er am Fenster stehen unter den Schemeln, ein großer Tisch voller Malkram. Auf dem kleinen Tisch neben den vorbereiteten Rahmen steht ein rotes Telefon, daneben ein Totenschädel, kurios. Am Wandhaken hängen sein Rucksack und eine zweite Arbeitsschürze. Bewegter Spätsommerhimmel über der Stadt jenseits der Elbe. Dann und wann tutet ein Ausflugsdampfer unten an der Brühlschen Terrasse. Riesige Fenster hat dieser hohe, kahle Atelierraum.

Wilhelm Rudolph unterhält sich nicht bei der Arbeit, und er wünscht keine Unterhaltung. Besucher im Atelier, auch namhafte, bekommen nicht mehr als einen registrierenden Blick; es wird gearbeitet. Während der ersten Stunde der Arbeit verjüngt sich dieser hagere Mann in der Handwerkerschürze, jetzt lebt er sein Leben, was für ein prachtvolles konzentriertes Gesicht unter dem kurzen, wirren, schlohweißen Haar. Vor der Staffelei arbeiten, das ist sein Leben. Hier steht er seit acht Jahrzehnten.

Seine konzentrierte Arbeit schafft diese Ruhe im Raum, wie unter einem Zwang sitzt man auf seinem harten Stuhl, beobachtet ihn, viel hat man ja nicht zu beobachten; wie es in seinem Gesicht arbeitet, er schnauft auch mal bitter, ganz unvermittelt. Das ist aber nicht Mühe der Arbeit; bittere Gedanken durchziehen sein Gemüt, vermutlich vorgeahnte Machenschaften eventueller Feinde.

Und da kommt er die drei, vier Schritte zum Podest, sieht einen durchdringend an und erklärt, seine Worte energisch mit dem Pinsel zuspitzend: »So wie die denken, daß es ist, ist es nämlich nicht!«

Das also war diesmal die Spitze des Eisberges seines zornigen Nachdenkens. Und wieder sitzt man unter seinem Blick, hat Muße, darüber nachzudenken, wer die denn sein könnten, die da so fälschlicherweise denken, es sei so, wie es nicht ist. Wilhelm Rudolph aber arbeitet gelöst und heiter, er hat eine Passage gepackt, auf der Leinwand beginnt es zu leben, das Wesen vielleicht schon. »Ich moale Ihr Wesen!«, das war eine seiner frühesten Bemerkungen zum Porträt; da war noch nicht viel mehr als eine Reihe Umrißlinien, mit einem Farbstift aufgetragen, auf der Leinwand.

Am Ende der zweiten Stunde beginnt er gegen Schwäche anzukämpfen. Sein Körper verspannt sich, der Mund wird schlaff, sein Gesicht wird bitterer; aber eine Stunde lang kämpft er noch an gegen seinen Körper im ständigen steten Wechsel dieses einen Schrittes vor und zurück, beobachten und malen. Während unterm kurzen Atem sein Körper verfällt, spannt sich immer stärker eine Kraft-Linie vom Auge über die Schulter in die Hand, endend in der Pinselspitze. Eine kräftige Linie, auf die alles andere reduziert ist, wie jene schwere dunkle Linie auf den späten Pinselzeichnungen Hegenbarths. Das Wesentliche, das Wesen. Dann fällt einmal das erlösende Wort »Na gudd ...« Schluß für heute. Das Licht ist auch nicht mehr das beste.

Vor der Plauderstunde wird Ordnung gemacht. Die Farbschabsel von der Palette kommen in ein halbes Blatt Zeitung, das kommt dann in den Rucksack. Nur die Verschlüsse der Farbentuben wollen nicht auf andere verquetschte Tuben passen, so wirft er den ganzen Krempel mit einem atemlosen Seufzer in ein Schubfach zu anderen

Farbentuben. Zorn der Schwäche. Die Tubenverschlüsse sind wohl heutzutage auch nicht mehr das, was sie vor dem ersten Kriege waren, wer weiß.

Während er seine Pinsel an der Gosse auswäscht, besehe ich mir mal den Hintergrund zu meinem Porträt. Eine Viertelstunde lang walkt er Pinsel für Pinsel in einer Terpentinschmiere in seinen Händen durch. Dieses Reinigen scheint ihm ein Genuß zu sein; für die letzte Reinigung liegt ein Stück Kernseife bereit. Der Bildhintergrund wird nun immer dichter, und mich interessiert natürlich alles auf dieser Leinwand: woher nimmt er denn seine raumlose fluktuierende Fläche hinter dem Porträtierten, diesen allgegenwärtigen rosagrünlichgrauen Hintergrund. Diese lichtflitternden Räume sind ein Zauber aller Rudolphschen Ölgemälde; einen seiner ehemaligen Schüler haben sie anscheinend oder scheinbar ganz verzaubert.

Aber der Maler mag seine Malerei nicht erklären, oder er versteht meine Fragen nicht. »Was denn für Hintergründe?«, die Pinsel sind noch nicht schlohweiß genug.

Man kann sich ja mal an seinen Platz vor die Staffelei stellen, und da zeigt sich, der hohe ausgeweißte Raum ist durchaus nicht weiß: Er malt die Atmosphäre des Raumes, nur farblich verstärkt, wie es sich für sein Auge ergibt; er braucht nichts als einen neutralen und farblich brauchbaren Hintergrund für seinen Zweck, mehr ist da wohl nicht zu suchen. »Warum denn tüfteln?«, ein oft gebrauchtes Wort, »Handwerk ist die Grundlage der Kunst, alles Auffällige und Exaltierte muß man vermeiden.«

Das bringt einen natürlich auf die naivsten Gedanken, die gegenstandslose, die absolute Kunst betreffend. Denn ein Schüler Wilhelm Rudolphs, jener erwähnte Verzauberte, malte nach seinem Weggang unter der aufgehenden Sonne der abstrakten Malerei die Rudolphschen Porträthintergründe in gewaltigen Dimensionen als Selbstzweck, als »Farbkissen«; und er ist berühmt und wohlhabend und Professor dabei geworden. Eine Kunst-Mode-Woge clever surfend, und wie beifallumbrandet! Sein Meister hat das und so vieles andere zur Kenntnis genommen, mit welchem Kopfschütteln mag er dergleichen zur Kenntnis genommen haben. Denn dieser Schüler hat sich, einflußreich geworden, wieder für ihn und sein Werk eingesetzt.

Wilhelm Rudolph hat die Modemacher der Kunst sein Leben lang nicht bedient, er ist dafür von ihnen zum Hinterwald verurteilt worden; man unterschätze ihre Macht nicht, ihre erhebende und ihre ruinierende Macht. Wilhelm Rudolph hat ein Leben lang, redlich arbeitend und fleißig, dieser Problematik ratlos und machtlos und oft zornig gegenübergestanden. Scharlatanerie und Scharlatane, das waren gebräuchliche Vokabeln in seinem Wortschatz. Wie viele Schwierigkeiten er auch hatte und sich macht in seinem Lande, er war hochgeehrt; welchen Platz hätte er einnehmen sollen in der Welt, in die sein Schüler gegangen war?

Wenn die blaue Schürze am Kleiderrechen hängt, wenn Vesperschnitten und die Flasche Bier aus dem Rucksack geholt sind, dann ist Plauderstunde, die Zeit der Entspannung. Er hat immer zu erzählen, er hat immer viel zu erzählen, er macht sich doch so seine Gedanken in einsamen Tagen und Nächten, über Gott und die Welt und ihre Machenschaften, und er bringt seine Gedanken auf Essenz, oft auf bittere Essenz. Aber auch ein lobendes Wort hört er jetzt gern. »Gefällt's Ihnen? Das fängt erscht an zu leben, die Hände sind noch goar nischt, das is erscht so angelegt, das wird erscht.«

Er holt Bilder ins rechte Licht, darunter das Porträt eines halbwüchsigen Jungen. »Das ist Till, der Sohn von einem Bekannten. Wie so ein Halbwüchsiger so tapsig is, so trotzig, was? Die sind so betont selbstsicher aus ihrer Unsicherheit heraus, sie sind ja noch nischt, möchten aber schon junge Männer sein! Ein begabter Junge. Aber weiß gar nicht mit den Händen wohin, das ist dieses Alter, schön das zu beobachten, das hab' ich natürlich gemalt. Das Wesen muß man erfassen. Porträt hat seine beste Zeit gehabt; gehn Sie in die Galerien, was heute so zusammengepinselt wird als Porträt.«

Rudolph macht eine abfällige Geste, die wischt alles weg, was heute so zusammengepinselt wird als »Porträt«.

Er sitzt auf seinem prachtvollen geschnitzten alten Stuhl, aber so unbequem, so auf der Kante. Seine Hände ruhen aus von schwerer Arbeit, die alle Konzentration erfordert hat. Es sind die ausgearbeiteten Hände eines Handwerksmeisters, bis in die Arme hinein von schweren Adernsträngen überzogen. Hände, acht Jahrzehnte im Gewerke. Wenn er erläutert, wird sichtbar, wie deformiert seine linke Hand ist, der Daumenballen fehlt, ein tiefer Einschnitt hat Daumen und Zeigefinger auseinandergedrückt. »Das ist der Beruf«, er macht die Geste des Palettenhaltens, dort liegt die schwere Palette an der Hand. »Das hat das weggedrückt, das ist der Beruf.« Nun holt er noch andere Bilder ins Licht; er unterhält sich gern mit seinen halbfertigen Porträts, er malt auch immer an ihnen. Auch mein Porträt war noch nicht zu seiner letzten Zufriedenheit gediehen, als er den Pinsel aus der Hand legte, für immer.

»Die haben früher manchmal dem Modell ideale Hände gegeben; also sie haben von einem Modell mit sehr schönen Händen diese Hände dem dazugemalt. Die müssen doch gar keenen Kunstverschtand gehabt haben! Jeder Mensch hat doch seine Hände!

Das ist die Beobachtungsgabe. Wenn die Beobachtungsgabe fehlt, wird das so allgemeinmenschlich, so schön! Hans Thoma hat den Sämann gemalt, wie der so segnend übers Feld geht; er arbeitet gar nicht, er segnet das Feld mit seinen Körnln. Ich bin neben so einem Sämann gelaufen, viele Stunden, ich habe das studiert. Das Getreide vorne im Tuch; wenn er das aufnimmt, hat er 75 Pfund drin. Der nimmt einen Dreiviertelzentner auf! Und der Acker ist schwer im Frühjahr, die Erde ist doch tief vom Winter her. Dem seine Hand fährt in das Saatgut wie eine Klaue, wie mit einem Schnabel schlägt er da rein: schon hat er genau seine Menge. Der verstreut das auch nicht, der verspritzt das! Diese Arbeit hat etwas Brutales und so eine Monotonie.

Da geht keiner ›segnend‹ übers Feld. Dem Thoma hat die scharfe Beobachtungsgabe gefehlt, die Beobachtungsgabe für Arbeit. Das habe ich gemacht, aber vor siebzig Jahren habe ich das gemacht, vor fünfundsiebzig Jahren. Wie so eine Klaue ist dem seine Hand.

Nach neunzehnhundert, da ging man in der Kunst nicht mehr von der Natur aus; sagen wir vorm erschten Kriege; man ging von der Kunst aus. Man machte jetzt die Kunst aus der Kunst; damit begannen die Moden, die schnell vergänglichen Moden. Wie bei uns in Deutschland Die Brücke oder Der Blaue Reiter in München.

Die Brücke-Leute waren nach dreiunddreißig verfemt und verboten, das war ein schweres Unrecht diesen Malern gegenüber! Nach fünfundvierzig schlug das nun wieder um, vor allem drüben. Heute wird das nu alles wieder überschätzt, überall. Die Maßstäbe sind verwirrt, das muß erst alles wieder ...« Wilhelm Rudolph rückt mit ein paar glättenden Gesten die Moden zurecht, das dauernde Wechseln, das ihm in der Seele zuwidere. »Seit dem erschten Kriege ist so eine Unruhe in die Welt gekommen, finden Sie nicht? Der Kommunismus leidet ooch an so einem ruhelosen Alles-Verändernwollen, nischt soll ruhn. Der Mensch braucht doch aber ... na gudd.«

Er bricht seinen Gedankengang ab, er wird wissen, warum. In was für falsche Kehlen mögen seine Gedankengänge nicht schon gekommen sein. Er sagte mal unvermittelt: »Und was an der Arbeiter-und-Bauern-Macht so rumfrißt! Was?« Und ein Lachen gab es dazu, ein undefinierbares Lachen. Das will ich glauben, daß dieser Mann nicht nur Freunde hat.

»Die Probleme der Menschheit sind niemals für alle Zeiten zu lösen. Immer die Zukunft löst die Probleme! Wenn sie an der Reihe sind, die macht das schon, und nur die kann das. Na gudd.«

Wilhelm Rudolph hat für Augenblicke ein so verhaltenes Greisenlächeln parat, als wolle er andeuten, daß ihn das alles schon nichts mehr angeht, als schaue er uns nur noch zu. Voller Spott.

»Ich habe den Arbeiter gemalt, wie man früher den Papst gemalt hat!« Hat der Mann ein listiges, hintertriebenes, undurchschaubares Lachen.

»Liebermann?« Beim Nennen dieses Namens, da leuchtet sein Auge voll Bewunderung und Hochachtung. »Der Mann konnte was. Liebermann war Jude, aber zuerst war er Preuße, dann erst Jude!« Bei Erinnerungen an den großen Max Liebermann fällt ihm eine Geschichte nach der anderen ein. »Das war ein schlagfertiger Mann! Da hat mal einer rumgemäkelt an einem Bild von dem Cézanne, der Junge mit der roten Weste, das war vielleicht dem sein Sohn Paul, oder nicht, jedenfalls der eine Arm wäre zu lang, der wäre anatomisch nicht richtig gezeichnet; da hat der Liebermann dem gesagt: Der Arm ist so gut gemalt, der Arm kann gar nicht lang genug sein!« Wilhelm Rudolph amüsiert sich, wie ein Schuljunge, er liebt solche Rede. »Doas hat der dem gesoagt.« Und es ist ja auch eine herrliche Anekdote zum Thema Realismus in der Kunst.

»Aber den hat die Obrigkeit auch schikaniert, der Kaiser eben, und die am Hofe; bei Hofe ist der Geschmack immer konservativ. Liebermann war denen unbequem, dem seine Malerei war bürgerlich. Aber Liebermann war von Aufträgen überhäuft, und da war Geld. – Nur wenn man blank ist, da muß man schnell kapitulieren.« Die Stimmung ist verflogen; er ist in Erinnerungen versunken, keine heiteren Erinnerungen.

»Cézanne muß ooch ein eigenartscher Mensch gewesen sein, aber natürlich konnte der malen; dem seine Sachen, die haben Kraft, das ist uneitel gemacht. Cézanne hat immer vom Handwerk gesprochen, vom Handwerk. Der hat gearbeitet.

Ich hatte mir früher mal so Postkarten aufgestellt, also Kunstpostkarten, dann habe ich die im Verlaufe der Zeit immer mal ausgewechselt: von den französischen Impressionisten blieb immer Cézanne. Eine hohe Farbkultur. Aber die Gebrauchsgraphik, die kommt auch von dem, die schnelle Wirkung. Die haben das runtergewirtschaftet.

Der Chagall hat eigenartsche Farben. Ein Violett hat der, eine unerhört interessante Skala von Violett. So fremde Farben. Die Juden haben mich immer interessiert. Was so an Juden kam aus dem Osten, so um die Jahrhundertwende, denen sah man immer noch das Handwerk an, eben das Milieu. Wenn der in seinem Geschäft stand, er verkaufte schon Konfektion: den Schneider sah man dem immer noch an! Das war amüsant. Die haben mich mal mitgenommen, also noch als Student, in so ein jiddisches Theater, das hat mich auch amüsiert. In keinem anderen Theater sieht man so tief in das menschliche Getriebe der kleinen Leute. Wie sie so träumen in ihrer Enge von Erfolg und Reichtum, eben vom Aufstieg zu was Besserem; aber am Ende sitzen sie wieder in ihrer Armut. Alle Pläne hamm zu nischt geführt, alle ihre Träume sind verflogen; aber sie sind nicht etwa unglücklich, ach wo. Die Träume der kleinen Leute von was Besserem, das ist denen ihr Theater.

Marc Chagall kam aus Rußland, der lebte dann später in Paris; Chagall hat sein ganzes Leben lang Jugendeindrücke gemalt. Bei dem Hans Grundig finden Sie das in den Farben, wenn er Schrecken malt, wenn er Szenen aus der Nazizeit malt. Sehn Sie sich mal die Farben an der Geisterbahn an, das sind Farben: so unangenehmes helles Grün, auch solche Rottöne, so aschig; sehn Sie sich mal die Fassade von so einer Gespensterbahn an. Das ist Vogelwiese, das ist einem gar nicht bewußt, aber das sind Kindheitseindrücke. Aber natürlich verarbeitet, das setzt so ein Maler doch um. Farben für Ängste.

Ja, das war paar Jahre vor dem erschten Kriege, bei Arnold in der Schloßstraße, in der Galerie Arnold, die stellte die französischen Impressionisten vor. Da war mal eine Van-Gogh-Ausstellung, so der Nachlaß, Teile des Nachlasses, eben eine Nachlaßausstellung. Aber erstklassige Sachen! Räume voll mit den Bildern von diesem Vincent van Gogh. Das war ein Anblick; ich bin jeden Tag hin; da waren oft gar keine Leute, hat Dresden wenig interessiert. Dresden war immer konservativ gesinnt.

Da hätten die Dresdner für wenig Geld gute Bilder kaufen können, in Dresden war Geld! Hat die wenig interessiert. Die Quitten hamm se gekooft, kenn Sie die Quitten, dieses kleene Bild, diese Skizze? Hängt in der Galerie. Die sehn aus wie so kleene Hühnchen, das hat mich immer amüsiert. Das hamm se gekooft, sonst nischt. Das hat einer gekauft und später dem Museum geschenkt oder irgendwie.

Kenn Sie die Quitten von dem van Gogh? Wie kleene Hühnchen, ooch dieses Gelb! Da sinn se nu stolz druff.« Das sind so Plaudereien, kenntnisreich und oft kurios, aber immer amüsant und lehrreich; hätte man nur mehr davon aufgezeichnet.

Aber Fragen nach persönlichen Erinnerungen an die Großen der Kunstgeschichte können noch ganz andere Extempores auslösen »Ja, wie sah der aus, ich will mal sagen, wie so ein Pavian! Das war zu meiner Studienzeit schon ein Herr, der stellte was dar; er war doch fünf Jahre älter, und er war anerkannt. Er war auch nicht arm, da hing eine Mühle dran, da war Geld. Wir kamen aus einer Stadt, aber wir sind uns eigentlich immer aus dem Wege gegangen; die Brücke-Leute verzogen sich ja schon vorm Kriege, also vorm erschten Kriege, nach Berlin. In Pommern habe ich ihn Jahre später doch kennengelernt, an der See. Da hat er mir mal im Vertrauen gesagt, die ganze französische Malerei wäre Kitsch; also er meinte die Impressionisten. Solche Ansichten hatte der.«

Wilhelm Rudolph lacht etwas verschmitzt-verlegen, er hat es auch nur leise gesagt, was ihm da vor einem Menschenleben anvertraut worden war; solch eine Äußerung schien wohl selbst ihm ein starkes Stück. Er erzählt auch nichts weiter über den berühmten Kollegen aus Rottluff. »Solche Ansichten hatte der!«

Ja, Kunst-Praktiker scheinen ein ganz eigenes Verhältnis zu den Kunst-Theorien zu haben. Arno Mohr sagte mal, amüsiert an seiner Zigarre schmauchend: »Impressionismus ist *Eindruckskunst,* und Expressionismus ist *Ausdruckskunst;* naja, warum nicht. Meinetwegen.«

Am Ende sind wir, dieses Gesprächsthema scheint ein unvermeidliches Thema zu sein , bei dem Richard Müller; an diesem Professor ist kein Vorbeikommen. »Mit dem Professor Müller bin ich niemals zurechtgekommen. Niemals.

Der leitete doch den Zeichensaal, aber gar nicht, daß man als junger Mensch hätte Vertrauen fassen können zu dem Manne; er war doch für uns der Lehrer! Also man zeichnete meinswegen einen Akt, man war doch da so unsicher als junger Student. Da kam also der Professor, stellte sich hinter einen, lange, besah sich, was man da gemacht hatte; man sah schon, daß das dem gegen den Strich ging. ›Sehen Sie das so?‹, also, ob ich das so sehe, wie ich es gezeichnet hatte. Wenn man nun sagte: Jawohl, ja, da hatte man dem seine Autorität verletzt!«

Wilhelm Rudolph blickt so unangenehm berührt vor sich hin, als habe dieser Professor Müller ihn soeben in existentielle Bedrängnis gebracht. »Da war man in dem seinen Augen schon aufsässig. Der Mann wollte etwas von mir, was es nur in der Kultur des Menschen gibt! Ein Tier könnte sich auf so etwas gar nicht einlassen; nur der Mensch.« Es hat ihm die Stimme verschlagen vor Erregung.

Wann ist ihm diese Kränkung durch diesen Mann widerfahren; vermutlich im Jahre 1908, also vor fünfundsiebzig Jahren, und er würde es ohne Zweifel diesem unangenehmen Professor auf der Stelle heimzahlen, wenn den Mann nicht schon so viele Jahre der kühle Rasen deckte. »Kein Löwe oder irgendein anderes Tier würde sich auf einen solchen Akt der Selbstverleugnung einlassen! Nur der Mensch. Achtunddreißig hat er sich dann an mir gerächt, meine Professur wurde mir abgesprochen.« Da dürften aber wohl noch ganz andere ihre Hand im Spiel gehabt haben; der neuernannte Professor hat vermutlich seine eigenwillige Sicht auf Gesellschaftliches recht ungeglättet geäußert, auch den neuen Machthabern gegenüber. Richard Müller hat es nur sehr früh geahnt; er hatte versucht, den eigenwilligen Stipendiaten aus Hilbersdorf zu relegieren, wohl wegen Aufsässigkeit. Denn seine fachlichen Leistungen waren vorzüglich gewesen; die Akademie hatte seine anatomischen Studien als Lehrmaterial angekauft. Man vermag sich übrigens noch heute vorzustellen, was für eine Entgegnung das ›Jawohl, ja!‹ des Zeichenschülers Rudolph gewesen sein mag. Der an der Akademie allmächtige Gotthard Kuehl soll die Kontroverse damals geschlichtet haben, Professor Müller mußte einlenken; vorerst.

»Dem seine Ehe hatte die Königin Carola gestiftet, auf so was legte der Wert.« Noch ein Tritt dem unsterblichen Feinde. Die germanischen Götterkrieger haben ja auch noch als Gefallene miteinander gekämpft, hoch oben in den Lüften.

Vom Treppenhaus müssen wir noch mal zurück zum Atelier 169, dem Ehrenatelier, nachsehen, ob die Tür auch ordentlich abgeschlossen ist; sie war abgeschlossen, ordentlich. »Dieses Neonlicht ist ein widerliches Licht, finden Sie nicht?« Wilhelm Rudolph blickt angewidert hinauf zu den Leuchtstoffröhren der Treppenhausbeleuchtung. »So ein kaltes Licht, keine menschenwürdige Erfindung ...« Dann steigt der kleine, zusammengesunkene Mann in seinem zu großen Mantel, den Rucksack über der Schulter, wieder die große gewundene Treppe hinunter. Ein Mensch, der wohl auch mit hundert Jahren nicht imstande wäre, über dergleichen leider unabänderbare Dinge hinwegzusehen. Der Mensch ist ihm das Maß, der Mensch ist das Maß aller Dinge.

Am Pförtnerhäuschen, es scheint niemand mehr in diesem riesigen Gebäude zu sein, erfahre ich etwas Ungeheuerliches: Eine Brandstiftung hat stattgefunden, ein Anschlag auf sein Atelier, mit einem Kaffeekocher, vom Nebenatelier aus, der Tisch war schon ganz verkohlt gewesen. »Das Feuer sollte sich rüberfressen!«

Mit einem großen Schlüssel, den er bei sich führt, den er bei sich führen darf, schließt Wilhelm Rudolph das Portal auf. Der Ehrensenator der Hochschule für Bildende Künste verläßt die Akademie. Zweimal schließt er das Portal ab, ordentlich, sorgfältig, danach rüttelt er an der prachtvollen barocken Bronzeklinke: abgeschlossen. Draußen gehen wir als erstes unter die Fenster seines Ateliers, nachsehen, ob oben das Licht ordentlich ausgemacht ist. »Der Brandanschlag galt nicht allein meinem Atelier, das galt der Akademie, die ist gewissen Leuten ein Dorn im Auge.

Die hat ein Festungsbaumeister gebaut, die ist für die Ewigkeit gebaut!«

Was mag da nur gewesen sein? Diese seine Akademie hatte mehrfach Glück, im Februar 1945 hätte sie leicht das Schicksal der Frauenkirche teilen können, es sind nur hundert Schritt bis dahin. Für die Ewigkeit gebaut, das sind so Begriffe in unserem Jahrhundert.

Der Oktoberabend ist mild, also laufen wir noch ein paar Schritte über die Brühlsche Terrasse. Pheidias – Iktinos – Praxiteles ... in Mosaiken stehen diese Namen an der Fassade seines Ateliers, die alten, die toten Götter. Die Bronzeplastik des Gottfried Semper steht da oben unterm Himmel, den Plan zu solchen Gebäuden in der Hand. Professor der Baukunst in Dresden, Teilnehmer des Maiaufstandes 1849, danach mußte er fliehen aus Deutschland. Wilhelm Rudolph betrachtet lange diesen Mann, Männer dieser Art haben seine Hochachtung: sie haben etwas gelernt, sie haben etwas geleistet. Wie oft mag er hier gestanden haben.

Er machte vage Andeutungen, daß er in den nächsten Tagen im Barockgarten Großsedlitz aquarellieren möchte, das schlechte Herbstwetter ist nahe. Er prüft den Himmel, das schöne Herbstwetter hält vielleicht noch ein paar Tage. Wir stehen lange an dem eisernen Geländer überm Strom, neben uns der Lichtersee der großen Stadt, sein Dresden, seine zweite Heimatstadt. »Von hier sind Ströme in die Welt hinausgegangen.« Als er zum Wagen geht, sagt er unvermittelt: »Ich habe das alles gezeichnet damals wie unter einem Zwang, das kann man gar keinem Menschen erklären; mir ist das heute selber unerklärlich.«

Brühlsche Terrasse. Wer Dresden besucht, der geht zu diesem Balkon Europas, zu dieser Terrasse des Heinrich Grafen von Brühl, der mit einigem Abstand der korrupteste und gewissenloseste der kursächsischen Staatsmänner war, was ja in jenen Zeiten etwas heißen wollte. An seinem Palais ließ er alte Festungsanlagen zu Gärten umbauen. Mit zwanzig Jahren war dieser Mann Leibpage Augusts des Starken, Leibpage; mit dreißig schon Obersteuereinnehmer, mit fünfundvierzig Jahren Premierminister. Ein Mann mit Sinn für Realitäten. 600 gestickte Schlafröcke soll er besessen haben, 843 Tabatieren und 1500 Perücken; auf hundert kommt es hier nicht an. Er hat jedenfalls in wenigen Jahren ein reiches Land, bei der Anhäufung seines Privatvermögens, an den Rand des Staatsruins gebracht, keine geringe Leistung. Sein Name aber, der Name eines hochqualifizierten Intriganten seines Jahrhunderts, ist glanzvoll auf uns gekommen; wir laufen heute noch über seine Terrasse, durch seine Gärten. Der Name eines qualifiziert und redlich arbeitenden Steinsetzers oder Gärtners in diesen Gärten, an dieser Terrasse, ist nicht auf uns gekommen; die Historie ist keine Moralistin.

»Brühlscher Garten 2b« lautet die Adresse der Hochschule für Bildende Künste Dresden. Der Alte Rudolph ist nahezu acht Jahrzehnte hier ein- und ausgegangen.

2

»Das heißt die ›Stille Musik‹, weil die Putten alle Instrumente haben hier an der Freitreppe; also die hält einen Granatapfel oder was es sein soll. Aber die dort bläst auf einem Muschelhorn, ein Tritonshorn, die vordere, das ist eine Panflöte; solche antiken Instrumente hat das Barock geliebt. Plastik ist ja stumm! Oder es steckt etwas dahinter, irgendwas Geistiges, was wir heute nicht wissen, in dreihundert Jahren geht ja viel verloren. Oder sie haben das Wasser gemeint, die Wasserkunst, die Wasserspiele. Die große Wasserkunst oben am Walde, die ist verloren für alle Zeiten. Die Soldaten von Friedrich dem Großen, sie haben das kaputtgemacht. Im Siebenjährigen Kriege, da hatten die ja Sachsen besetzt.

Hier im Barockgarten standen nicht nur die paar Figuren; hier haben mal mehr als dreihundertfünfzig solcher Plastiken gestanden, sächsisches Barock war berühmt! Jetzt sind es kaum noch fünfzig. Verkommen, gemaust, zerschossen, eben das Vandalentum, eben durch die Zeit.

Heute macht die Luft die Plastiken kaputt; vom Kraftwerk unten aus dem Elbtal kommt das hoch. Elbsandstein ist sehr empfindlich, der Stein zerfällt. Viele Figuren haben die preußischen Soldaten zerschossen, eben im Siebenjährigen Krieg. Die haben auf die Skulpturen geschossen, zum Spaß, oder sie haben geübt, die haben doch Lebensgröße! Schwach, woas?«

Wilhelm Rudolph macht sich wieder an die Arbeit; er hat sich eine Skulptur an der Freitreppe vorgenommen, so ein Barockkind, stramm im Fleische und kokett einen Granatapfel anbietend, falls es ein Granatapfel sein soll. Hinter der Plastik der fein geschwungene Aufgang der Treppe, dahinter die Mauer der Hainbuchenhecke, darüber der Laubwald, darüber der wolkenziehende Spätherbsthimmel. Stille. Nur das Kratzen der Tuschfeder auf dem harten Papier und ab und zu das bittere Schnaufen des Malers, wenn die Feder hakt und kleckst.

So ein Blatt entsteht in einem langen, mühsamen Prozeß, über Stunden hin bedeckt sich die flüchtige Bleistiftvorzeichnung mit Hunderten von Tuschestrichelchen und Häkchen, das Blatt verschwindet gleichsam unter einer abstrakten feinen Schrift. Um den lockigen Kopf der Putte wächst schon der Hintergrund, lichtflirrend, lichtumflossen. Es kommt allmählich Sinn in die Strichelei, Kunst-Sinn. Wilhelm Rudolph arbeitet konzentriert, er hat Sorge mit dem Wetter, er möchte heute noch ein Stück aquarellieren. Immer wieder mal sieht er mißtrauisch nach dem Himmel.

Zuschauer sind gekommen. Eine Familie, sie haben ihren Parkspaziergang so eingerichtet, daß eine zweite große Schleife sie an dem Maler vorbeiführt. Eine »Wartburg«-Besatzung dem Habitus nach; das Oberhaupt der Familie, ein elegant gekleideter Korpulenter um die Fünfzig, betrachtet sich aus gehöriger Distanz Maler und Malerei, seine Hände nimmt er gar nicht erst aus den hellen Freizeithosen. Die Tochter bestaunt das Malen, der schon erwachsene Sohn, noch etwas neugierig, spielt den Vater. Der hat sich schnell ein Urteil gebildet, ob das hier Kunst ist; mit einer ironischen Geste macht er die Gattin aufmerksam auf die Bierflasche neben dem alten Rucksack am Wegrand, zudem hat er die Pinsel ohne Borsten am altmodischen selbstgebauten Aquarellkästchen bemerkt. Auch die Kleidung des Alten hat er gemustert, hier spricht nichts für bemerkenswerte Kunst. Von Malern wie diesem Maler wird Kunst nicht gemacht, jedenfalls nicht bei uns. Zudem ist auf dem entstehenden Blatt unten ein Tuscheklecks, da hatte die Feder gehakt.

Der Mann gehört zu jener mittleren, nun auch schon älter werdenden Generation, deren Stärke nicht eben die musische Bildung ist. Er ist gewiß nicht ohne Kenntnisse auf dem Gebiet der bildenden Kunst, woher aber soll er wissen, daß er einen mehrfachen NPT vor sich hat? Leute seines Typs versehen in zentralen Kunstausstellungen gern Bilder literarischen Gehalts mit den Zensuren ihrer Kurzkommentare, vor allem natürlich jene Bilder, die bereits durch Massenmedien-Kommentare als die wichtigsten und beliebtesten fixiert wurden. Sie verhalten sich heute, wie sie es gelernt haben dereinst; der Mensch lernt nur höchst ungern mehrmals im Leben.

Eine Zeitlang duldet der Alte Rudolph diese belästigende Neugier, dann bekommen die beiden Männer einen Blick, dieser eine Blick genügt; er scheint also beim Zeichnen alles genau beobachtet zu haben. Eines Wortes hat er keinen gewürdigt, er, der doch so gerne und so menschenfreundlich erklärt und Einblick gewährt. Er hat einmal gesagt: »Es gibt merkwirdsche Leute; beim Moalen lern Se die oalle kennen!«

Ehe die Familie im Parkweg verschwindet, blicken die jungen Leute noch mal zu uns, Vater hat wohl einen Scherz gemacht. Ich hätte mir gewünscht, Wilhelm Rudolph hätte dem Mann ein fertiges Blatt angeboten, für vierzig Mark, nein, für zehn Mark, dadurch wäre es ja noch einmal stark gesunken in seinem Wert; ich hätte die Reaktionen so gern beobachtet. Der Mann hätte das Blatt nicht genommen.

»Wilhelm Rudolph, Zyklus DIE VIER JAHRESZEITEN. AUS DEM BAROCKGARTEN GROSSEDLITZ, Blatt SOM-

MER, 1981, Tusche aquarelliert 43 cm × 33 cm.« Und was die Kunstwissenschaft hinzufügen wird, wenn diese starrigen Bögen eine Farbseite sein werden im Katalog der IX. Kunstausstellung der DDR, ein Gradus-Blatt, vielbegehrt, ihren Platz gefunden haben in der Grafischen Sammlung eines Museums, oder sie haben ihren Preis gebracht in einer unserer Galerien. Oder anderswo.

Noch liegt das halbfertige Blatt Grafik, befestigt mit drei oft benutzten Reißzwecken auf einer farbbeschmierten Sperrholzmappe, im Grase; zwei Grashüpfer besehen sich das frische Kunstwerk. Der Tuscheklecks ist noch nicht kunstgeschichtsnotorisch.

Daneben am Wiesenhang liegt der Maler, er ruht einmal aus, er macht eine letzte Pause. Wozu hat er nur sein Dreibeinstühlchen aufgestellt vor dem Motiv, es bleibt all die Stunden unbenutzt. Wilhelm Rudolph lächelt erschöpft unter seinem Straßenhut hervor. Dieses zu große Anzugsjackett, die Leinenhose, seine schweren, oft besohlten Treter. Die Bierflasche mit dem Wasser zum Aquarellieren neben dem Rucksack und dem Mantel: Für einen Ahnungslosen mag das ein Landstreicher sein, wie er so daliegt am Wegrand, wie ein altersmüder Landstreicher. Nur seine Augen, seine Augen!

»Der Barockgarten hier ist etwas Einmaliges, das ist französische Gartenkunst in bewegtem Gelände! Und wie großartig das durch die Terrassen und Parterres gelöst ist! Das Barock hatte Gartenarchitekten! Und die hatten keine Maschinen zur Verfügung. Das sollte auch alles nur der Anfang sein, das war unerhört groß geplant, als so eine Art Versailles hatte sich das August der Starke gedacht. Dort, wo der Wald ist, dort sollte sich das fortsetzen, womöglich runter bis ins Elbtal! – Das Geld wird alle gewesen sein, das mußte ja alles aus dem Lande herausgewirtschaftet werden, und die Kriege, die Mißwirtschaft von dem Grafen Brühl.

Hier das untere Orangerie-Parterre, hier an der ›Stillen Musik‹, das war sozusagen der Festsaal des Gartens. Hier haben sie das Fest des Weißen Adlerordens gefeiert, das war der Staatsfeiertag der sächsisch-polnischen Monarchie. Das haben die hier öfter gefeiert als in Dresden oder Warschau. Hier war mal Leben, hier war mal Leben in großem Stil! Barock hatte Kultur!« Der Alte Rudolph schmunzelt, er scheint das Fest vor Augen zu haben, das Fest des Weißen Adlerordens, der feudale Staatsfeiertag der Höfischen.

Im letzten Lichte des Herbsttages beginnt er dann doch noch zu aquarellieren. Farbflecken, Farbflecken ohne ersichtlichen Zusammenhang setzt er aufs Papier; Farbflecken wie auf einem Aquarell Cézannes. Auch hier wird der Kunstsinn bald erkennbar werden, aber bei den Buchenhecken verliert sich das Kleinblättrige schon in den Schatten, er arbeitet gereizt und unsicher; aber er hört nicht auf zu arbeiten. »Grün malen ist an sich schwer, Grün ist eine gefährliche Farbe; Rosenhauer hat es auch vermieden, wo er konnte.«

Vor einiger Zeit schon sind die Fontänen in den Wassergräben aufgedreht worden; kleine schmutzig-weißliche Türmchen steigen aus eigenartig blaugrünem Wasser, nun steigen sie allmählich höher. Wilhelm Rudolph hatte es gar nicht bemerkt. Als er nun mal den Kopf wendet, erstarrt er vor Erregung, er legt sein Arbeitszeug hin und geht zu den Wassergräben: Das Wasser ist gefärbt. Er sieht um sich, er ist ganz außer sich angesichts dieser Entdeckung. »So eine Schweinerei, sehn Sie sich das an, die hamm das Wasser so gefärbt.« Immer wieder sieht er sich zornig in dem abendlichen, menschenleeren Park um. »Wer zeichnet dafür verantwortlich!« Sein Ruf nach einem Verantwortlichen, nach Verantwortlichkeit steht wie ein Ruf aus einer anderen Welt über dem Großsedlitzer Barockgarten. Oben am Friedrich-Schlößchen stehen zwei Gärtnersfrauen auf ihre Hacken gestützt und sehen verwundert zu uns herüber. Der Alte Rudolph steht neben den höher steigenden Fontänen wie ein hilfloser Gerechter. »Mir ist der ganze Park verekelt«, und wenn man ihn ansieht, glaubt man es. »Wer mag so etwas nur veranlaßt haben; so etwas wäre zu keiner anderen Zeit möglich gewesen, gar nicht denkbar, nur in so einer Zeit. Sehn Sie sich das an, so eine Briehe ...«

Kopfschüttelnd geht er wieder an seine Arbeit, zum Wasser sieht er gar nicht mehr hin. Aber es wird nichts mehr, er ist zu sehr außer sich über diese unsere Jetztzeit.

Als wir alles Malgerät im Rucksack verstaut haben, sind die Wasserspiele abgestellt, aus welchem Grund auch immer. Um Rudolphs Mund aber spielt ein Lächeln, er sagt sich wohl: Sieh an, meine Frage ist nicht unbeantwortet geblieben.

Auf dem Weg zum Ausgang mustert er Motive. In hohen alten Hainbuchenhecken stehen barocke Personifikationen der vier Jahreszeiten, er erläutert das Allegorische, er erklärt das Bildhauerische. »Hamm Sie mal bemerkt, daß die Figuren unter Brühl immer größer werden? Da läßt das Gefühl schon nach, die alten Figuren sind mehr verdichtet. Dem Herkules hat man immer gerne Züge des amtierenden Regenten gegeben; eben höfisch.« Er erklärt gern und geduldig, wenn nur seinem ernsthaften Erklären auch ernsthaft zugehört wird.

Er geht um die Figuren, studiert sie aus verschiedenen Haltungen heraus, er ist ganz Respekt vor den Leistungen der Meister vergangener Zeiten. »Wie sie die allegorischen Details angelegt haben, wie die ihrer Mittel sicher waren ...« Der Sommer eine reife, sinnende Frau, der Herbst, früchtebeladen, ein anmutiges keckes Mädchen die Verkörperung des Frühlings. Der Winter, ein altershagerer Mann, ein Mensch am Ende seines Lebens, eines langen Lebens; frierend rafft er sein Gewand an sich, sein Blick ist ratlos, wohl auch angstvoll zum Himmel gerichtet. Der Alte Rudolph besieht sich die Verkörperung der letzten, der kalten Jahreszeit wieder und wieder, sein Gesicht ist bitter und beunruhigt, angezogen sichtlich und abgestoßen. Es gibt kein Wort der Erläuterung.

An den Kaskaden stehen die Gruppen der klassischen Liebespaare des Ovid. Wilhelm Rudolph kennt noch die antike Mythologie, das war Lehrstoff seiner frühen Jahre; nun will er auch diese klassischen Liebespaare zeichnen, wenn das Wetter es erlaubt. Bacchus und Ariadne, Pan und Syrinx, Narziß und Echo, Orpheus und Eurydike. Wir gehen von Gruppe zu Gruppe, aus den Sockeln der Figuren sind die Namensschilder herausgebrochen. Er zeigt auf eine solche Stelle, jemand hat die Namen ergänzt, mit schwarzem Fettstift steht da nun in Druckbuchstaben in den Sandstein geschrieben »Apollo + Daphne«. Wilhelm Rudolph lächelt: »Schwach, woas? Und da schämt sich ooch keener.«

Nach dem Wiederaufbau des Parks wird nun auch nach und nach die stark beschädigte oder verlorene Barockplastik ergänzt. Am oberen Rasenparterre stehen restaurierte Figuren auf Holzsockeln, auch Kopien. Prachtvoll gearbeitete Frauengestalten, Göttinnen der Früchte und Blumen, frisch aus dem Elbsandstein herausgehauen von Meisterhand, von Meisterhänden unserer Zeit. Es gibt von ihm kein anerkennendes Wort, wie es auch zur herbstlichen Blumenpracht des Parks kein anerkennendes Wort gibt; und die dürfte ja auch nicht vom letzten Fest des Weißen Adlerordens her noch blühen. »Man kann Barockskulpturen nicht ersetzen, niemals.« Seine Skepsis ist ihm lieb und teuer, seine alles durchdringende Skepsis gegenüber der Jetztzeit. Nicht umsonst hat er mehrmals erwähnt, was der Zufall so bewerkstelligt hat, der große deutsche Philosoph des Pessimismus und er, sie haben an ein und demselben Tage Geburtstag. Das sei wohl kein Zufall.

Am Eingansportal lehnt er sich über die kleine Wasserfläche des Delphinbrunnens, eine veralgte Wasserfläche unterm Maul des Fabeltieres. Er starrt da lange hinein: »So sieht Wasser aus, Wasser hat etwas Gefährliches. Diese Ruhe und Undurchdringlichkeit von so einer Wasserfläche; Wasser hat etwas Gefährliches. Ich habe in letzter Zeit solche Träume, solche stillen Wasserflächen ziehn mich an sich, als ob ich da runter muß.« In seinen Augen ist ein Blick, als sei er sich nicht mehr so sicher, daß man sich den Tod durch unermüdliche Arbeit vom Halse halten kann. Angst der zunehmenden Schwäche. Als ich ihn einmal aufzumuntern versuchte, daß er in seinem tizianischen Alter und bei solcher Schaffenskraft doch geradezu verpflichtet sei, seinen hundertsten Geburtstag zu feiern, da schob er solch unverbindlich-freundliche Rede beiseite. »Noch einmal sechs Winter …?« Er hatte meine Worte in sein Leben übersetzt. Und sein bitteres Lächeln gab die Antwort.

Eine Weile stehen wir noch an der Balustrade hoch über der weitläufigen Gartenanlage; dort unten an der »Stillen Musik« hat er heute mehr als vier Stunden gearbeitet, nahezu ein Blatt ist entstanden. Fahl leuchten die Herbstfarben in diesem letzten Licht, der Barockgarten liegt in den Schwärzen der einbrechenden Nacht. Dort hinten vor den schwarzen Bändern der Hecken stehen die Barockfiguren, die Wilhelm Rudolph noch in seine Kunst geholt hat. Er steht da mit seinem Rucksack, als sei es nicht so gewiß, daß er an einem der nächsten Tage hier wieder stehen wird nach getaner Arbeit.

»Durch den Tod meiner Frau bin ich an die Figuren hier geraten. Ich hatte damals viel gezeichnet auf dem Tolkewitzer Friedhof, auch viel Plastik, Friedhofsfiguren eben. Da hatte ich das Gefühl für die Barockfiguren. Eine großartsche Anlage; man muß den Geist einer solchen Anlage erfassen, man darf sich nicht vor eine einzelne Sache stellen; das Einzelne ist nischt ohne das Ganze.« Dann trifft sein wehmütig-amüsierter Blick: »Barock hatte Kultur, da sind mir nischt dagegen.«

3

Noch einmal fuhren wir zum Porträtmalen in »seine Akademie«. Das Wetter war umgeschlagen, kein Wetter für den Barockgarten; das Jahr war in den trüben und tristen November geraten. Wilhelm Rudolph war besonders bitter aufgelegt an diesem Tag. Im Schrittempo fuhren wir zwischen den Regenschirmen die Brühlsche Terrasse hinauf, da entdeckte er am Albertinum Transparente zu einer Ausstellung des Malers Corneliu Baba. Mißbilligend besah er sich die Sichtwerbung für seinen großen Kollegen, noch mißbilligender besah er sich die Menschenschlange vor dem Eingangsportal. »Die stehen nu alle hier, die wollen zu dem Baba; das is ein Rumäne.« Die Andeutung, daß die Wartenden doch wohl vor allem in die Galerie Neuer Meister wollen, und da hängen ja auch seine Bilder, und zu den Schätzen des Grünen Gewölbes, sie besserte nichts an seiner Laune. An der Hochschule blickt er durchs Rückfenster: »Die gehen alle zu dem Baba.«

Vor dem Portal macht er noch einmal halt. »Ich hatte mal eine Ausstellung, an dem Eröffnungstag waren am Abend 26 Grad Kälte; ich hatte mal eine Ausstellung, an dem Tage war dort ein Eisenbahnunglück, also am Vortage. Ich hatte niemals Glück mit meinen Ausstellungen.« Dann steigen wir hinauf in den ersten Stock zum Atelier Nr. 169. Auf seinem Antlitz steht noch die Bitterkeit über Corneliu Baba und alle Naturwidrigkeiten.

Das war ein trüber und trübseliger Tag, er kam mit dem Malen nicht voran. Einen dicken karierten Schal hatte er sich um den Hals gewickelt, und er hustete, sein Mund arbeitete voller Mißmut. Mehrmals mußte ich auf meinem Stuhl, wenn er so um die Staffelei herumsah, an den Don Quichotte denken, aber es war der resignierte, der Don Quichotte der vielen Niederlagen, der Alonso Quixano, der Gute. Er hat auch kaum gemalt, das Bild hatte sich nicht verändert. Vesperzeit aber haben wir gehalten, es mußte auch gewartet werden, ob sich das Licht noch bessert, und er hatte zu erzählen an diesem Tage, wie er immer zu erzählen hatte, nur stockender und leiser; und beim Erzählen lebte er noch einmal auf. »Wir waren kleine Leute. Mein Vater kam aus dem Erzgebirge, er hatte das Bürgerrecht in der Stadt Chemnitz erworben. Das kostete nichts, man mußte nur seine Unbescholtenheit nachweisen, die völlige Unbescholtenheit.

Goethe sagt: Du mußt Hammer oder Amboß sein! Amboß oder Hammer sollst du sein, das steht sogar in den Lesebüchern, auch heute noch. Nein. Es muß heißen: Lerne was, werde ein Meister in deinem Fache und setze dann alle deine Kräfte ein, nach bestem Wissen und Gewissen. Dann hast du unsern Respekt, unsere Hochachtung. ›Lerne zeitig klüger sein, du mußt steigen oder sinken, du mußt herrschen und gewinnen oder dienen und verlieren, Amboß oder Hammer sein.‹ Das ist höfisch gedacht. Das ist so ein Wink, lerne beizeiten die andern übers Ohr zu hauen, ehe die andern das mit dir machen! Das Gedicht wird auch meist falsch zitiert. ›Auf des Glückes großer Waage steht die Zunge selten ein‹, als ob man Säcke abwiegt, Kartoffeln meinswegen. Auf des Glückes *goldner* Waage! – Ein Dichter denkt sich doch was bei seinen Worten.

Man muß aber auch durchhalten können, ob einer durchhalten kann, das ist es. Ich habe an die zehn Jahre gebraucht, bis ich das begriffen hatte. Alles ist nur eine Frage des Durchhaltens. Auch auf verlorenem Posten muß man aushalten! Gerade auf scheinbar verlorenem Posten!« Endlich lacht er mal, er hat so eine amüsiert-amüsante Belehrungsgeste, sozusagen der pädagogische Greisenzeigefinger. »Der Mensch hält viel aus. Ich habe mit dem Holzschneiden nach dem erschten Kriege angefangen, auf Deckeln von Zigarrenschachteln, solche Zigarrenkistchen. Das war gutes Holz, und es kostete ja nischt. Tiere habe ich zuerst geschnitten, einen Adler oder mal eine Ziege, was sich eben so ergab, eben auch im Zoo. Ich hatte von Holzschnitt goar keine Ahnung. So habe ich angefangen! Ich habe mich in meinem Leben immer wieder aufgerafft; meine Kunst hat mir den Tod vom Leibe gehalten! Mein Leben? Ich bin immer nur so durchgekommen mit knapper Not.

In den Jahren nach dem zweiten Kriege habe ich ernstlich gedacht, ich muß erblinden; ich weiß nicht, warum sich das dann später wieder gegeben hat. Nur sie, die holde Kunst, sie hielt mich zurück. Kennen Sie das Testament von Beethoven, von dem Musiker, von dem Komponisten? ›Es fehlte wenig, und ich endigte mein Leben, nur die holde Kunst, sie hielt mich zurück, es dünkte mich nämlich unmöglich, die Welt zu verlassen, bis ich alles hervorgebracht, wozu ich mich aufgelegt fühlte.‹ Das hat er in einem Briefe aufgeschrieben, als er merkte, daß er taub wird. Es ist auch die Zeit. Zwischen den letzten Jahren wird es anscheinend überhaupt nicht mehr helle, finden Sie nich? Ich meine unsere Jahre jetzt.« Er kann einen so ratlos ansehen, als erwarte er tröstlichen Widerspruch. Was soll man aber antworten, es friert einen ja bei einer so leise vorgebrachten Frage. Einmal hatte ich ihn nach seinem Lieblingsholzschnitt gefragt, seiner ihm am nächsten stehenden Arbeit. Er hat nach langem Suchen ein Blatt gebracht, ein Thema aus der Bibel gebracht. Der verlorene Sohn kniet auf der Schwelle des Hauses, der Vater streckt ihm die Hände entgegen. Es ist der Augenblick des Verzeihens. Der Gedanke an den Vater; was mag zwischen ihm und seiner Mutter gewesen sein. »Es gab keine Liebe«, hat er einmal gesagt. »Ein Verdacht wird aus einem Wort geboren, aus *einem* Wort!« Merkwürdige Ausbrüche ohne rechten Anlaß, ohne rechten Zusammenhang. »Liest sich die Weltgeschichte nicht über Strecken wie eine Gespenstergeschichte, wie eine Verbrechergeschichte? Die Völker müssen das immer ausbaden. Zu allen Zeiten.« Eine unerklärliche Erregung, eine existentielle Erregung kann ihn so packen, daß einem angst und bange wird: »Nächstes Jahr bricht es zusammen! Nächsten Herbst, ich brauche nicht den Intellekt, ich habe das Gesicht! Denken Sie an meine Worte.«

4

Es ist zusammengebrochen im nächsten von ihm so schwarz an die Wand gemalten Herbste. Professor Wilhelm Rudolph ist gestorben in der Nacht vom September zum Oktober, er hatte wohl das Gesicht. Er ist gestorben zwei Tage vor der Eröffnung der IX. Kunstausstellung der DDR. Als die Besucher vor dem kleinen Fries der aquarellierten Federzeichnungen aus dem Barockgarten Großsedlitz gestanden haben, da war er schon nicht mehr unter uns. In diesem Saal hing auch das letzte Meisterstück seiner Porträtkunst, das Gemälde von dem Jungen, der gar nicht so recht mit den Händen weiß wohin, weil man in dem Alter noch so tapsig ist, so trotzig. Wilhelm Rudolph hat das Wesen der Menschen gemalt, wann einmal wird man alle Porträts von seiner Hand in Ausstellungsräumen versammeln. Wann werden wir den ganzen langen Fries seiner Barockaquarelle zu sehen bekommen? So ferne dürfte dieser Tag gar nicht mehr sein, Wilhelm Rudolph wurde geboren im Jahre 1889.

An seinem Grabe soll eine ungewöhnlich unkonventionelle Grabrede gehalten worden sein, das Wort von Erlösung im zweifachen Sinne sei da gefallen. Einem Menschen, krank und im hohen Alter, sei die Bürde des Lebens von den Schultern genommen, und ein Fluch sei von den Menschen um ihn genommen, der anders wohl nicht von ihnen zu nehmen war als durch diesen Tod. Nun könne man sein Lebenswerk endlich unbefangen betrachten, nun kann er auf den hohen Rang in der deutschen Kunst gehoben werden, der ihm zusteht, den hohe Ehrungen in den letzten Jahren nur anzudeuten vermochten. Unkonventionelle Worte an einem Grabe, aber der zu Grabe Getragene war ein Mensch sehr unkonventionellen Denkens und Redens.

Professor Wilhelm Rudolph war am Ende seines Lebens ein hochgeachteter und hochgeehrter Mann, Feinde hatte er schon lange nicht mehr; seine Autorität war unbestritten. Hat man nicht aber immer wieder mit Verwunderung davon gesprochen, wie wenig diesem Manne Ehrungen zu bedeuten schienen. Ob er nicht von offiziellen Ehrungen und Auszeichnungen etwa erwartet hat, was offizielle Ehrungen und Auszeichnungen nicht zu geben vermögen. Er war ein Mensch, der, ratlos gemacht von den Ehrungen zu seinem 90. Geburtstag, inmitten seiner hohen Gäste bei der Überreichung der Urkunde der Ehrenbürgerwürde seiner Stadt Dresden nichts an Dankesworten über die Lippen gebracht hatte als ein gemurmeltes »Endlich mal was Vernünftsches ...«

Wilhelm Rudolph war ein Mensch, der die Welt nicht akzeptierte, die Welt, wie sie nun mal ist, nicht akzeptieren konnte. Er konnte sie auch in seinem 94. Lebensjahre nicht akzeptieren. Er hat wohl menschlichere Beziehungen gesucht zwischen den Menschen, künftige menschliche Beziehungen.

Es ist schon viel erzählt worden und geschrieben über den Rucksack des Alten Rudolph, von dem er sich niemals getrennt hat in der Öffentlichkeit, und womöglich fein gelächelt über diese mehr als ungewöhnliche Angewohnheit. Ja, warum mag er sich nur niemals getrennt haben von seinem Rucksack? War es denn der Rucksack, war es nicht vielmehr das Behältnis, stets und überall sein Arbeitsgerät mit sich führen zu können? Dieser Mann kam aus dem Erzgebirge und aus dem vorigen Jahrhundert! Verantwortliche des Protokolls durften mit Recht mehr als verwundert sein, wenn der zu Ehrende seinen Rucksack unterm Ehrensessel verstaute vor dem Ehrenakt. Dergleichen dürfte in keinem diplomatischen Zeremoniell vorgesehen sein; obgleich das Protokoll eines Arbeiter-und-Bauern-Staates noch am ehesten in der Lage sein dürfte, solches Vorkommnis zu meistern.

Ein Mensch trennt sich in der Öffentlichkeit niemals von seinem Rucksack, welch ein Einblick in seine Verletzlichkeit; könnte es uns nicht erzählen, wie ratlos und hilflos dieser streitbare und streitsüchtige Mensch sein Leben lang unter den Menschen gewesen sein mag; eine vertraute Sache mußte er bei sich haben. Zwischen sich und der Welt. – Wo mag sein Rucksack heute sein, der alte graugrüne Rucksack mit den Arbeitsutensilien des Alten Rudolph.

Nachtrag

1

Zu einer unserer letzten Sitzungen im Ehren-Atelier in »seiner Akademie« hatte Wilhelm Rudolph das rotgebänderte SINN-UND-FORM-Heft 5/1981 im Rucksack; er legte es zu Butterbrotpäckchen und Bierflasche, verlor aber kein Wort darüber.

Dann gingen wir zu meinem Porträt, nachdem wir vor drei, vier halbfertigen Porträts gestanden hatten; ob er schon geahnt hat, warum es ihm nur noch so mühsam von der Hand ging bei der Arbeit? Er hatte an dem Bild gemalt und beobachtete nun meine Reaktionen. »Das Bild schenksch Ihnen, für den Artikel in der Zeitschrift.« Mit seinem humorig-militanten Lächeln fügte er noch hinzu: »Sie hamm eine Schlacht für mich geschlagen.« Danach wurde sein Blick skeptisch. »Sagen Sie mir doch bloß einmal, warum haben Sie da drüber geschrieben ›Der Alte Wilhelm Rudolph‹. Ich bin doch nich alt?«

2

Ein Gespräch auf der Brühlschen Terrasse ist mir noch in Erinnerung. Der Professor komme nur noch selten in die Galerien, sofern er aber mal komme, gehe er meist zu den Alten Meistern. Die Räume betritt er, wie man früher einmal in eine Gemäldegalerie ging: mit Sorgfalt gekleidet, schweigend und eben ehrfurchtsvoll. Mit großem Ernst tritt er vor die Bilde, nur vor bestimmte Bilder, vor Bilder, die er offensichtlich verehrt seit vielen Jahrzehnten.

Da steht er dann lange, alles um sich her vergessend, in so einer Art stiller Zwiesprache. Das gibt dann und wann Anlaß zur Verwunderung, denn wer von den Besuchern kennt schon diesen kleinen hageren, so unzeitgemäßen Mann.

Das Berichtete wurde lächelnd vorgetragen, es war ein wohlwollendes Lächeln. Wir lächeln wohl manchmal an den falschen Stellen, so etwas wohlwollend.

Der Regenbogenpapiermacher

In einem Vorort, einem der vielen zersiedelten gesichtslosen Vororte im Norden der großen Stadt Leipzig, konnte man bis in die Spätherbsttage des Jahres 1982 hinein einer der merkwürdigsten Handwerkerexistenzen Europas begegnen; denn der letzte Marmoriermeister war berühmt und ganz unbekannt zugleich; eine wahrhaft bemerkenswerte Existenz.

Dort im Wolffswinkel – einem etwas vergessenen, auch etwas verkommenen, aber im Sommer recht idyllischen Dorfrest zwischen einer Schrebergartenkolonie an der Elster und der Fernverkehrsstraße nach Halle – steht seine Werkstatt, ein massiver geräumiger Schuppen mit schönen Fenstern, Fenstern eines Schlößchens, die waren aber meistens von gespritzter Farbe blind. Über dem Eingang hängt noch heute ein Schild »Papierveredelung Gerh. Hesse«.

Wer Gerhard Hesse auf seinen täglichen Wegen zwischen Werkstatt und Haus getroffen hat, der hat ihn wohl für einen Arbeiter von einer nahen Baustelle gehalten, Hesse ging immer in seinen Arbeitsklamotten; nur ein gewisser wacher, beobachtender Blick hinter der Brille hätte einen Fremden aufmerken lassen können. Aber mehr als einen Dank auf seinen Gruß hatte er nicht zu erwarten. Hesse redete nicht viel, mit Fremden schon gar nicht, Hesse war ein Skeptiker; das Leben hatte ihm das beigebracht.

Es mag ums Jahr 1965 herum gewesen sein, als ich ihn, vom Ruhm seiner zauberhaften Papiere angelockt, das erste Mal besucht habe; ich wollte diesem Zauberer seiner Handwerkskunst bei der Arbeit zusehen. Angetroffen aber habe ich einen freundlich-mißtrauischen Mann in mittleren Jahren, er hatte gerade in der Vorhalle zur Werkstatt einen alten »Ford« auseinandergenommen, bis aufs Fahrgestell, bis auf den Rahmen; der Holzwurm war in der Karosserie, und so war das ganze Auto. Familie Hesse wollte damit in Urlaub fahren. Und was die Bewunderung seiner Handwerkskunst betraf, so schien das Interesse ganz einseitig zu sein. Er schob die Matte mit seinem Werkzeug bald wieder unter den Wagen und sich hinterher. Der Besuch war beendet.

Darüber haben wir später noch oft gelacht. »Was wußte ich denn, wen sie mir da wieder uff den Hals schicken!« Das war Hesse.

Was ist denn nun aber das eigentliche Marmorieren, diese Zauberei, so oft beschrieben und niemals recht erklärt. Also das Marmorieren wird folgendermaßen gemacht: Auf einem eisernen Ofen kocht in einem großen Topf eine gelblichgraue Pampe, die muß immer mal geprüft werden beim Umrühren, auf ihre Konsistenz. Das ist isländisches Moos oder irisches Moos oder von welchen nördlichen Inseln das getrocknete Flechtenzeug immer kommen mag. Der Sack steht neben dem Ofen, und nur Hesse weiß, wie lange das kochen muß und was man alles reintun muß, damit es guter »Grund« wird, wenn am Ende die Pampe durchgeseiht ist, ein guter »Marmoriergrund«. Ich weiß nur, daß es stundenlang kochen muß – und wie es stinkt. Aber so was darf einen Marmorierer nicht stören, daran darf er sich nicht stoßen, würde Hesse sagen. Das ist der Beruf.

Dazu muß man viel vor sich hinschimpfen beim Probieren und Herumprobieren. Über den »Grund« muß man schimpfen, über die Pinsel, übers Öl, übers Papier, dieses elende Papier wieder mal, vor allem aber über die Farben, wie die alle nischt taugen und so; und daß eben wieder mal nischt klappt. Diese Zutat muß eine ganz wesentliche Zutat sein, denn Hesse hat unnachahmliche Papiere gemacht. Das sind die Grundlagen der Marmorierkunst. Eines kann ich ja noch verraten: Die feinen weißen Muster, das sind ursprünglich Wassertröpfchen, nichts als Wassertröpfchen! Aber das will gekonnt sein; unter den Händen eines Marmorierers nur ist Wasser eine solch delikate Farbe.

Nichts ist dann einfacher, als mit dem farbegetränkten Pinsel drei, vier Mal leicht auf den Handrücken zu schlagen, und schon sprühen paar Hundert feine Farbtröpfchen über die Fläche der Marmorierwanne; und das muß nun mit jeder Farbe gemacht werden. Falls man es selber probiert, sind es eben nur dreißig, vierzig Tropfen, davon sind einige sehr groß, und fein verteilt sind sie auch nicht. Aber ein eigentliches Talent ist dazu nicht nötig, erklärt einem der Meister, man muß es nur paar Jahre lang machen von früh bis abends; es ist eine Übungssache.

Ganz am Ende, wenn mit den Kämmen die Muster gezogen sind, oder mit der Stachelschweinborste, dann legt er behutsam einen Bogen auf, ebenso behutsam hebt er ihn wieder ab; die Farbe saugt sich von selber an. Dann kommt der Bogen über einen Stab, wird im tiefen Becken abgewaschen und danach mit geübtem Schwung unter die Decke befördert aufs Trockengerüst zu all den anderen Bogen, die da hängen. Unter der Werkstattdecke sieht es aus wie auf dem Boden einer Papiermühle, einer mittelalterlichen Papiermühle.

Besieht man sich aber nach dem Trocknen die selbstgemachten Bogen mal genauer, sie haben alle feine Wellen quer durch die Farben; und man hatte sie doch so ganz besonders behutsam aufgelegt und abgehoben. Da lächelt Hesse: »Die können wir gleich wegschmeißen.«

Stunden hat es gegeben in seiner Werkstatt, sein Marmorieren kam mir wahrhaft vor wie Zaubern mit Farben! Für den Pfauenmarmor hatte er sich einen Kamm gebaut. Der gestattete, bei der Längsbewegung auch noch einen Kamm in Querrichtung zu bewegen, so kamen bei jeder Querbewegung ein Dutzend kleiner Farbstrudel aus dem Streifen gequollen, hundert kleine Pfauenschweife auf einem Bogen, eben »Pfauenmarmor«. Das Bezugspapier der Merian-Bände.

Paletten von Grün auf zartem Lindgrün, Hesses Goldgrün, sein Kupfergrün, sein Schwarzgrün! Farbige Grautöne, wie sie der Himmel trägt vor Unwettern, nein, wie sie nicht mal der Himmel trägt. Tüll von Farben! Pastelltöne wie feine Farbschuppen schieben sich da Ton in Ton zu farbigen Eisblumen niemals gesehener Schönheit. Oder er klöppelte mit der Stachelschweinborste Muster durch die feingeäderten Farbflecken, in sich feinverschlungene Linienbündel, und jedesmal zog er breite Schweife hervor, traumhaft schöne japanische Fächer.

Was ein paar Tröpfchen Schwarz in dem Farbgefüge machen, wenn sie sich zu einem spinnwebigen Netz ausbreiten übers ganze Farbenspiel; wie überhaupt die verschiedenen Treibmittel die Farben so verschieden quellen lassen und sich bewegen. Mosaiks aus lustigen bunten Tropfen und Tröpfchen, feine und feinste Farbfädchen im Dutzend beieinanderlaufend, weiße und schwarze Spinnwebnetze im Ziegelrot: Tausendundeinenacht-Welt!

Das Marmorieren ist ein Druckverfahren auf flüssigem Druckstock. Aus dem Orient soll es gekommen sein, vor einem halben Jahrtausend, die Farben sprechen für diese Vermutung.

Der Handwerker Hesse hat so manchen berühmten Namen der gegenstandslosen Kunst in den Schatten gestellt, und ganz ahnungsloserweise; denn das war nur Spielerei in seinen Augen. Prachtvolle Bogen wanderten in den Abfall mit den Bündeln der abgeschnittnen Streifen, marmorierte Bogen haben stets einen unregelmäßigen und unsauberen Rand; das kam alles zusammen als nasse Papierhaufen auf den Zaun des kleinen Gartens hinter der Werkstatt. Zum Trocknen, es mußte ja wieder Grund gekocht werden auf dem eisernen Ofen.

Die Marmorierkunst besteht eben darin, einen Bogen wie den anderen zu machen, und zwar nach einem Musterbogen, nach einer Vorlage. Über alle 400 Bogen hin, einer so nahe wie möglich ähnlich den anderen 399 Bogen, wenn der Auftrag über 400 Bogen lautet. Handwerk. Friedrich Hesses Sohn spricht da, der Sohn des Handwerksmeisters.

Bitter könnte man werden in der Erinnerung, welche einmaligen Farbenspiele entstanden sind auf einem Bogen, sie wanderten als zusammengeknüllte nasse Lappen aufs Fußrost; er hatte nur was ausprobiert.

Die Augen der Menschen, denen man so einen Bogen schenken kann! Ein paar Dutzend solcher Spielereien habe ich ihm ja entlockt im Laufe der Jahre, der Grundstock meiner Hesse-Papiere-Sammlung. Die größten Schwierigkeiten hatten wir immer, wenn wir Initialen hineinarbeiteten, die mußte man spiegelverkehrt hineinschreiben! Die Rückseiten solchen Papiers, verwendet als »Vorzugs-Briefpapier«. So manche Briefpartner-Freunde fern und nah wissen darum.

Bei manchem Besuch waren erst einmal Briefe zu übersetzen, ehe wir was Schönes an der Marmorierwanne gemacht haben, Post aus aller Welt. Wir machten es eben, so gut wir es brachten. Durch oftmaliges Lesen hatte er die Wünsche und Komplimente schon ungefähr erraten. Einer aus England, ein gewisser Schmoller, schrieb seine Briefe auf deutsch. Da waren oftmals lukrative Aufträge darunter, also Auftragswünsche, höfliche Anfragen. Hesse ließ sie meist in der Schublade, er scheute inzwischen all die Hudelei der Kostenabwicklung bei der Steuer und sonstigen Behörden.

Einmal hatte ein Marmorpapier-Verehrer aus Buenos Aires oder bei Buenos Aires den Wusch geäußert, Papierproben auszutauschen, da kam es nach dem Übersetzen zu einem unvergessenen Wortwechsel mit dem mißtrauisch über seine Brille blickenden Meister. »Liegt das nicht in Amerika, dieses Buenos Aires? Der kriegt nischt!«

Und das hatte seine guten Gründe. Vor einigen Monaten hatte einer aus Kalifornien den gleichen Wunsch geäußert, ein Millionär angeblich. Hesse hatte ihm Bogen geschickt, der Amerikaner aber hatte sich nicht revanchiert, obgleich er es versprochen hatte. Da dachte Hesse, die Amerikaner denken wohl, den guten Willen des Marmorierers in Europa kann man ausnützen; er hatte kurz-entschlossen die beiden Halbkontinente von der Liste seiner Sympathie gestrichen. Nicht mit Hesse! Vermutlich hatte er den Verdacht, die beiden Amerikaner stecken unter einer Decke.

Noch eine Hesse-Anekdote aus so vielen unvergessenen Hesse-Erinnerungen: In seiner letzten Zeit, als er nun »seltenes Handwerk« war und geachtet, hatte man vorgeschlagen, ihm zur Messe im obersten Stockwerk des Buchmessehauses einen Arbeitsplatz einzurichten. Der interessierten Öffentlichkeit sollte einmal ein altes Handwerk des Buchgewerbes vorgeführt werden. Ihn dazu zu überreden, das hat etliche Mühe gekostet; die verschiedenen Seelen in seiner Brust zogen für und wider, am Ende hat er zugesagt. Er nun war Künstler, ein Künstler darf die Öffentlichkeit nicht scheuen.

Schon am nächsten Tag rief er an, ob ich mal kommen könne. Es sei was. Als er mich am Eingang der Etage abfing, machte er einen ratlosen Eindruck. »Das mach ich hier nich mit! Hätt ich nur nich zugesagt.« Es kam heraus, daß in gewissen Abständen ein Herr an seinen Arbeitsplatz kommt, ein eleganter Herr, und ihn ins Gespräch zu verwickeln versucht. »Ich tue schon immer so, als ob ich wegen meiner Arbeit, verstehst du; ich spritze auch mal so rum mit der Farbe, aber der geht bloß paar Schritte zurück. Der beobachtet alles.«

Und wahrhaftig, nach einer halben Stunde erschien er wieder; Hesse vertiefte sich gleich in seine Arbeit. Ich konnte ihn leise und unauffällig darüber aufklären, daß es sich bei dem seriös-neugierigen Herrn im dunkelblauen Mantel besten Stoffes, auf den er Farbspritzer riskierte, um einen der berühmtesten Verleger Deutschlands handelt. Der hatte das Marmorpapier schon geliebt und für Bücher verwendet, da waren wir beide noch nicht auf der Welt. Hesse murmelte »Professor Wieland Herzfelde? Das hat er zu mir auch gesagt; aber die hamm doch alle Tricks druff!«

Tags darauf hat Hesse mir das ihm respektvoll gewidmete Buch »Immergrün« gezeigt, und mit Stolz; nun waren alle Sorgen von ihm genommen. »Und ich hab' immer extra ganz langsam gemacht; ich dachte, der ist von der Steuer!«

Unter den vielen feinen Briefen war auch mal ein feiner aus Berlin, ein Professor Klemke hatte einen Wunsch. »Ist das der, der immer vorne auf dem Magazin...?« Er war es, ebenderselbe, Hesse hatte schon den richtigen Verdacht gehabt. Er wollte ein Barockschränkchen stilgerecht austapeziert haben, wenn ich mich recht erinnere; da konnte nur einer helfen. Der Name und der Titel beschleunigten übrigens die Erledigung des Auftrages keineswegs. Hesse hatte ausgeprägt plebejische Züge, oder sagen wir, er war sehr skeptisch allen hohen Tieren gegenüber. Das hat mancher Prominente in der Werkstatt erfahren. Zweckbezogene Komplimente, das lief an ihm ab; Hesse kannte die Farben auf dieser Palette alle schon bis zum Überdruß.

Aber der Professor Klemke, »vorne vom Magazin«, der muß sein Papier erhalten haben und zur Zufriedenheit, denn er ist sogar einmal zu Besuch gekommen in die Werkstatt im Wolffswinkel. Danach zierte ein prächtiges Pastell unter Glas die Werkstatt. Eine Schöne, bekleidet mit nichts als einer Wolke duftiger Blumen ringsumher, ein wahrer Marmorierer-Farben-Regenbogen! »Für Gerhard Hesse dem Meister der Marmorierkunst in Verehrung gemalt von Werner Klemke«.

Das war das Pracht- und Prunkstück unter den vielen Auszeichnungen, die damals schon eine ganze Wand einnahmen. Dort hing auch noch eine Perpendikel-Uhr und ein Haussegen. Urkunde neben Urkunde. Auszeichnungen für Schönste Bücher. Darauf war er stolz.

Kurioserweise stand auch ein altes Klavier in Hesses Alchimistenwerkstatt, das diente als Ablage, wie der Schreibtisch. Hesse konnte Schifferklavier spielen, er hatte früher bei Hochzeiten aufgespielt, vielleicht konnte er auch Klavier spielen. An der Hintertür, bei den Bürsten und Pinseln und kleinen Besen, an diesen Kleiderrechen, dort hing auch eine ganze Reihe seiner Farbbeutel, ein schöner Anblick. Das waren seine Schätze; auf welch abenteuerlichen Wegen hat er sich manchmal Farben besorgt gegen Bogen. Ich habe ihn Gras auskochen sehen, auch Blätter für ein bestimmtes Grün. Hesse mußte alles ausprobieren, er war der geborene Tüftler. Wie er ja auch sein Werkzeug sich allein anfertigen mußte; eine Berufssparte mit einem Mitglied, das ist eben eine kuriose Existenzform.

Da stand auch noch ein schmales, hohes Regal, gefüllt mit Farbenbüchsen und Farbengläsern, ein Regenbogen-Arsenal. Und er klagte doch immer, er habe keine Farben. Es empfahl sich aber nicht, ihn auf diesen Widerspruch hinzuweisen, da konnte er eine Geste machen, die besagte: Was verstehst du denn von meinen Farben. Sie meinte zugleich: Man muß immer etwas barmen, sonst hat man schnell mal wirklich keine Farben mehr! Und auf allen Tischen Schalen und Schüsselchen und Teller mit angerührten Farbproben oder angesetzten Farben; da war etliches aus dem Haushalt abgewandert. Eine große blaue Milchkanne, darin holte er die Ochsengalle vom Schlachthof, die war nicht einmal billig. Ochsengalle war ein Treibmittel, das kam in die Farbe; wohl schon im Mittelalter. Und die vielen flachen Stapel Bogen unter geriffelten Eisenplatten, die wurden da gepreßt. Und hoch über allem der Gestellboden mit den trocknenden Bogen. Ein unvergeßliches Milieu.

Hinterm Werkstattraum gab es noch ein Papierlager, das war die Schatzkammer, ein schmales, fensterloses Gelaß, die kleine Schiebetür quietschte immer etwas; ein glückbringendes Geräusch. Wer dort mit ihm schöne Bogen aussuchen durfte, der möge sich heute noch glücklich preisen. Wir haben oftmals schöne Bogen ausgesucht. Einzelbogen, Varianten, die in Serien nicht zu gebrauchen waren, Fehlfarben sozusagen. Fehlfarben waren die märchenhaftesten Bogen, die Sammlung konnte wieder aufgestockt werden; Dank sei ihm.

Wie soll man erzählen vom Schicksal des Gerhard Hesse. Krieg und Gefangenschaft nahmen ihm seine Jugend, danach kam die Zeit der Ratlosigkeit. Am besten ist es wohl und am ehrlichsten, gar nicht erst den Versuch zu machen, nachträglich alles schön in Ordnung zu bringen: Ende gut, alles gut! Das wäre nach dem Geschmack jener verantwortungslosen Verantwortlichen, die gestern die schönen und notwendigen seltenen Handwerke verkommen ließen und sich heute nicht zu lassen wissen vor Förderung seltenen Handwerks.

Hesse konnte über so viele Jahre hin nicht begreifen, warum er ein Industriebetrieb für Buntpapier sein sollte, ein Gewerbe, denn so wurde er versteuert, daß er am Ende seiner Arbeit für einen Bogen kaum soviel verlangen durfte, wie die Materialien zur Herstellung des Bogens ihn kosteten.

Mehr als einmal haben wir über seinen »hochachtungsvollen« Anträgen gesessen und über den Ablehnungen »mit sozialistischem Gruß«. Den ganzen »Vorgang« hatte er in einem alten »Leitz«-Ordner gesammelt. Auf den Drucksteinen haben wir das alles ausgebreitet, auf denen machte seine Frau in ihren freien Stunden die Knitterpapiere und das Kleisterpapier. Sie arbeitete bei der Post, die Familie mußte doch ernährt werden in Krisenzeiten.

»Sie können mich nicht aus der Gewerberolle nehmen und in die Handwerksrolle schreiben, weil es mich auf der Handwerksrolle nicht gibt! Wenn es mich schon geben würde auf der Rolle, dann könnte ich drauf; dann wäre ich der zweite Fall, dann könnte es mich geben. Dann könnte es mich auch als Meister geben, als Berufsbild. Ich kann mich aber auch nicht selber ausbilden, weil ich kein Berufsbild habe, auch nicht lehrlingsseitig. Da kannste verrückt werden.«

Das Gesetz zur Förderung des Handwerks konnte nicht zur Anwendung kommen, da er ja kein Handwerker war; da nützte ihm auch die Anlage 2 zur Ersten Durchführungsbestimmung nichts. »Ich kann von der einen Rolle nicht runter und auf die andere, weil ich nirgends beinhaltet bin! Mich kanns nicht geben, weils mich nicht gibt.« Die Sache war vollständig verknotet; ein Stoff für Franz Kafka. Sagen wir, für Karl Valentin, um charmant zu sein.

Und spaßig ist so was nur für Außenstehende. Abgesehen von einer völlig ungerechten Versteuerung bekam Hesse kein Krankengeld, seine Arbeit erwies sich später als stark gesundheitsschädigend. Und da er nichts verdiente, waren seine Rentenansprüche entsprechend.

Da gab es aber keinen Schuldigen zu suchen. Buntpapier machte die Papierindustrie, auf modernen Papiermaschinen; daß Hesse keine moderne Papiermaschine war, dafür konnte man die Sachbearbeiter der Steueradministration nicht verantwortlich machen; Hesse war eben ein Relikt der Vergangenheit. Warum wurde er nicht Sachbearbeiter? Sachbearbeiter für Sachbearbeitung, die hatten ein Berufsbild, davon gabs genügend. Jeder ist seines Glückes Schmied.

Wie oft mag er später einen Bogen Marmorpapier neben einen aus vergangenen Jahren gelegt haben und den Kopf geschüttelt. Der eine Bogen deckte nicht einmal seine Unkosten, und der neue Bogen kommt um einen bibliophilen Band, vom hohen Stand unserer Buchkunst zeugend. Oder wird gar ein vielbegehrter Exportartikel, denn er stammt aus der Werkstatt des anerkannten Kunsthandwerkers VBK-DDR. Und konnte doch kein Mensch einen Unterschied ausmachen zwischen den beiden schönen farbigen Bogen.

Mitte der sechziger Jahre hat er dann das Handtuch geworfen, die Werkstatt wurde zugeschlossen. Gerhard Hesse ging als Kraftfahrer, auch als Lackierer. Autos hat er wohl auch repariert, vielleicht nach Feierabend. Die Aufträge aus den USA und aus der Schweiz und aus Österreich, die steckte er in das Fach an seinem Schreibtisch, zu all dem anderen Papierkram. Das meiste konnte er sowieso nicht lesen.

Beim Begräbnis des Vaters fanden sich viele Menschen ein aus der Buchbranche, Friedrich Hesse war ein geachteter Handwerker; da hat man von allen Seiten auf ihn eingeredet, er möge doch die Werkstatt wieder eröffnen. Es hieß auch, man wolle ihm helfen bei den Behörden, aber keiner half.

Die Zeit hat Hesses vollständig verknotete Angelegenheit aufgeknibbelt, die Zeit, die am Ende alle Knoten aufknibbelt, auch die verknotetsten. Sachte wurde »seltenes Handwerk« Mode, die Verlage drängten nach Papieren von hessischer Qualität. Und eines Tages kam eine Anfrage aus Weimar, aus den »Forschungs- und Gedenkstätten« kam sie, ob er in der Lage sei, eine Tapete zu machen, wie sie zur Goethezeit gemacht worden ist, eine Marmortapete. Hesse wird nicht schlecht gestaunt haben; aber wer sollte sie machen, wenn er sie nicht macht.

Ich habe von diesem repräsentativen und lukrativen und eben ungewöhnlichen Auftrag nur sein Klagen und Stöhnen mitbekommen. »Anderthalbtausend Bogen, anderthalbtausend Bogen, da wirste verrückt!« In mühseliger Probierarbeit mußte erst einmal das Muster nachgeahmt werden, und ehe die Farbzusammensetzungen den Originalproben glichen! Durch Hesses Kunst sitzen die Zuschauer im Liebhabertheater Großkochberg wieder wie zu Zeiten der Frau von Stein.

In jener Zeit lag einmal eine Tüte Tapetenreste auf seinem Schreibtisch, wochenlang lagen die da, blaßlila Tapete mit einem gelben Muster, die stammten vom Türstock eines Zimmers der Wohnung des Geheimrates Johann Wolfgang von Goethe. Auch hier half der Meister durch seine Kunstfertigkeit, den Originaleindruck des Zimmers wiedererstehen zu lassen. Jene Zeit, als Christiane und der kleine August im Hause herumgelaufen sind, und später Eckermann. Und wir sind dem Leben unseres größten Dichters wieder um einen Deut näher gekommen.

Von den »Weimarern« sprach Hesse immer mit großem Respekt. Sie hatten ihm nach dem ungewöhnlichen Tapetengroßauftrag für das Liebhabertheater Großkochberg etliches an Anerkennung verschafft. Aber an dieser wachsenden Anerkennung waren wohl auch namhafte Buchkünstler beteiligt, deren Hochachtung Hesse besaß. Jedenfalls hatte seine Handwerker-Misere ein Ende. Nun durfte ein Bogen Papier aus seiner Werkstatt sehr viel mehr kosten, dafür waren die Steuern geringer; und er war nicht nur Handwerksmeister geworden, er war anerkannter Kunsthandwerker geworden, jetzt gehörte er sogar zum Verband Bildender Künstler der DDR, VBK-DDR.

Das war ihm aber nun wieder zu weit oben hinaus. »Die haben mich doch jetzt zu den Künstlern gesteckt«, eröffnete er mir mal, und gar nicht recht glücklich, »was soll ich denn bei den Künstlern?« Aber froh war er schon darüber, wie sich das Blatt gewendet hatte; jetzt war er »seltenes Handwerk«, wie Windmüller und Hutformenbauer und Achatschleifer. Jetzt hatte das Kind einen Namen.

Und er konnte eine neue Auszeichnung hängen an seine Urkunden-Wand bei der Perpendikel-Uhr. »Gedenkblatt zur Erinnerung an die Wiederherstellung von Schloß und Park Kochberg in den Jahren 1968–1975«. Eine würdig gedruckte Würdigung. Übrigens ist der Name des Gewürdigten mit der Schreibmaschine hineingetippt, sagen wir, etwas flüchtig.

Aufträge brachten aber nicht nur gute Einnahmen, sie waren oftmals auch ein psychisches Problem. Als er den prachtvollen grünblauen Pfauenmarmor für die Prachtbände der Maria Sybille Merian machte, eine der schönsten Ausgaben des Edition-Verlages, da konnte er zeitweise nicht mehr weiterarbeiten, weil er innerlich jeden Abstand zum Muster verloren hatte. Er war nach einigen Wochen überzeugt, es müssen an die 5000 oder 7000 Bogen zu machen gewesen sein; er war fest überzeugt, völlig falschfarbene Bogen zu machen. Dabei war ein Bogen wie der andere, ja ein Bogen immer schöner als der andere, wenn es nicht widersinnig klingen möchte. »So was mach ich nich nochmal, da wern Sie verrückt!« Zudem war er schon nicht mehr recht gesund, er hatte immer Schmerzen.

Dieses Bezugspapier für die bibliophile Ausgabe Merian, das war wohl die schönste Arbeit aus Hesses Werkstatt, sie hat ihn weltbekannt gemacht.

Aber auch in dieser Zeit blieb Hesse natürlich Hesse. »Die wollen immer überall, daß ich erzählen soll, was soll ich denn erzählen? Das ich die Farben nich kriege von drüben, devisenmäßig? Wer will denn das hören! Unsere Farben sind Dreck fürs Marmorieren; und wie ich damit zurechtkomme, das interessiert keinen Schwanz! Wenn das so weitergeht, hör ich wieder uff! Ich höre wieder uff, denken Sie an meine Worte. Da könn sich die Verlage uff den Kopp stelln!«

Er rührte Farbpulver in einem Schälchen an und hielt mir ein blaues Hölzchen unter die Nase, ich mußte auch mit ihm in dem blauen Schälchen rühren; ich sah nur blaue Farbschmiere und den erbosten Hesse.

Oder das Blau hackerte, da riß die Farbe in sich ab, winzige weiße Zerrungen kamen herein. Das konnte an der Farbe liegen, das konnte an den Zusätzen liegen, am Grundieröl oder an der Temperatur, auch am Wetter. Manchmal vertrug sich eine Farbe nicht mit einer anderen Farbe. Das ergab einen übelgelaunten Hesse: »Mensch, ich murkse hier schon den ganzen Vormittag rum, das Blau hackert.« Der »Grund« spielte auch manchmal nicht mit, wenn er zu frisch war vor allem, oder das Moos taugte nichts, das brauchte er nur zwischen den Fingern zerreiben, schon wußte er, ob es was taugt. Auf einmal aber da ging es, von einer Viertelstunde zur andern. Vielleicht ein Wetterumschwung. Oder die Göttin der Marmorierkunst wollte wohl, falls die Marmorierkunst eine Göttin kennt.

Seit Hesse »seltenes Handwerk« war, lösten sich viele Knoten; jetzt durfte er Lehrlinge ausbilden, jetzt sollte er das sogar ausdrücklich. Aber der Meister war eigen, was wußte er denn, was er sich auf den Hals lud mit einem Lehrling. Und vermutlich gibts doch eine Marmora oder Marmoria, eine wohlwollende Göttin, denn Tochter Ilona – in einem ganz anderen Beruf ausgebildet – legte den beiseite und wurde Marmoriererin-Lehrling beim Vater. Mit ihr kamen Jugend und Schwung in die Werkstatt, und Charme. Heute ist Ilona Ruckriegel-Hesse selbst Meisterin und führt eine eigene Werkstatt. Ein neues Kapitel ist zu schreiben!

Als der Lehrling sich eingearbeitet hatte an der Marmorierwanne, da wurde es auch für Hesse leichter bei großen Aufträgen. Auch Frau Hesse kam herüber nach der Arbeit bei der Post, mit einer Kanne guten Kaffee kam sie und den Tassen. Und selbergebackenem Kuchen. Da haben wir auch mal eine Stunde übers Leben philosophiert und eben über alles. Hesse similierte gerne, beim Zuhören. Frau Hesse machte inzwischen Kleisterpapiere und Knitterpapiere, das ging wie am Fließband. Da mußten auch Techniken ausgetüftelt werden, ich habe sie mit einem Scheuerhader schöne Muster machen sehen. Und Farbpampen einrühren aus »Maizena« und Kartoffelmehl. Auch ihre Papiere waren gefragt! Sie hatte keine Zeit zum Similieren. Sie machte einfarbige Papiere; auch in der Natur ist ja das Männchen meist das buntere Exemplar.

Er sagte mal unvermittelt: »Meine Frau hat in unseren schlimmen Jahren paarmal zu mir gesagt: Ich zünde mal nachts die Bude an, damit sie abbrennt, damit das mal ein Ende hat!« Und der Blick, den sie uns zuwarf, der bestätigte, daß dies keine leeren Worte gewesen waren. Heute konnte Hesse darüber lachen.

Im Grunde seines Herzens war Gerhard Hesse ein seelensguter Mensch: »Ich similiere auch manchmal nach über so vieles im Leben; das Geschäftliche ist mir immer abgegangen, der Papierkram, der Sinn für den ganzen Papierkram. Und vielleicht war das auch kein schlechter Wille von den'; die haben doch immer in ihren Akten geblättert, die konnten eben in ihren Paragraphen nischt finden für mich.«

Übrigens sah er zu keiner Zeit etwas Besonderes in seinem Schicksal; er wußte, daß er über viele Jahre hin unterschätzt worden war und nun wohl überschätzt. Was sollte er anfangen mit prominentem Besuch in seiner Werkstatt?

Leben war zu keiner Zeit ein geebneter Weg; sein Vater mußte um Aufträge bitten gehen zu den Buchbindereien, sein Handwerk war aus der Mode gekommen. Um Arbeit bitten müssen, das hieß für einen Mindestlohn arbeiten. Das war der Zehnstundentag zur Ernährung der Familie und die fortwährende Sorge, Aufträge könnten ausbleiben. – Da lebte Hesse auf großem Fuße! Als er sein Haus renovierte, hat er den Korridor in Marmor tapeziert, ein eigenes Muster. Bedeutende Leute können exklusive Neigungen haben. Und er machte Krach, wenn es Schwierigkeiten gab mit den Farben, da schalteten die sich ganz oben ein. Der Minister. Zuletzt hatte er sogar Telefon in der

Werkstatt. Wenn er mal anrief, klang immer etwas wie Verwunderung mit über soviel technischen Luxus, über soviel Bequemlichkeit. »Hier ist Hesse, Gerhard Hesse ...«

In seinen letzten Lebensjahren hatte er sich einen alten Wunsch erfüllt: er hat sich in einer Kammer unterm Dach ein Fotolabor eingerichtet. Dort experimentierte er als Fotograf, denn wegen unerklärlicher Schmerzen konnte er nur noch stundenweise in der Werkstatt arbeiten. Unter seinen Händen entstanden marmorierte Gratulationskarten, da ging die Marmorierung ins Foto über oder das Foto in die Marmorierung; man kam nicht drauf, wie er das gemacht hatte. Das freute ihn. Und es war wohl nicht nur das schöne Papier, das uns befreundet hielt über so viele Jahre, es gab da schon Gemeinsames. Überlebenskünstlerfreundschaft.

Sein Lieblingsbild hat er mir einmal gezeigt, davon hatte er sich Abzüge gemacht. Drei Landstreicher im Frühling, die lehnten an einem Gartenzaun und spielten mit Kasperpuppen Landstreicher und Gendarm. Der Gendarm war der Gefoppte. Gerhard Hesse konnte lachen, wie ein verschmitzter Junge! Was hätte er alles noch gemacht an Schönem, was hätte er nicht alles noch ausprobiert; jetzt, da die Bedrückungen und Ängste von ihm genommen waren.

An einem Januartag des Jahres 1983 ist er gestorben. Er hat seinem Tode so ratlos-lächelnd gegenübergestanden wie seinem Leben. Sechzig Jahre ist er alt geworden, dieser Meister seines Handwerks ohne Meisterprüfung; zwei Monate fehlten ihm am sechzigsten Lebensjahr. Seine Sorgen um seine Rente, es waren ganz unnötige Sorgen.

Sein Grab hat er gefunden, wie sein Leben gewesen war: Eine Urne unterm Rasen des Rosenhains auf dem Möckernschen Friedhof. Wer seine Kunst verehrt oder wer ihm zu danken hat, der möge Blumen auf diesen Rasen legen.

In einer besinnlichen Stunde kann jeder einmal in seinen Bücherbeständen stöbern, ob er Bücher mit Marmorpapier darunter findet, vielleicht ist sogar eins von unserem Meister dabei. Das ist ein beglückendes Unternehmen, eine Entdeckungsreise. Marmorpapier ist was fürs Auge!

Und wer marmorpapiergeschmückte Bücher gefunden hat, der mag nachsinnen dem merkwürdigen Schicksal des berühmten unbekannten Marmorierers Gerhard Hesse aus dem Wolffswinkel.

Zu Uwe Johnson

Nach meinen Erinnerungen wird es im Frühjahr 1959 gewesen sein, da habe ich Uwe Johnson einmal angesprochen. Unsere Unterhaltung fand statt im Treppenhaus des Universitätsgebäudes, in jenem prachtvoll-pompös-ruinösen Treppenhaus, eine Halb-Etage unter dem Hörsaal 40, eine Tischtennisplatte stand dort. Also, Unterhaltung ist schon zuviel gesagt.

Ich hätte damals gern Kontakt gehabt zu einem literarischen Gefährten und Mitstreiter; ich hatte gerüchteweise erfahren von seinem Roman oder großen Erzählung, Johnson erzähle von uns Studenten. »Ingrid Babendererde« sollte das Manuskript heißen: es war unter Lektoren von Hand zu Hand gegangen und als das Beste bezeichnet worden, was sie zu lesen bekommen hatten. Und eben undruckbar. Trotzdem wollte ich versuchen, mich am Verlag für sein Buch einzusetzen. Denn ein Name als Titel, das sprach mich schon an, der Titelheld meines Stoffes hieß Werner Schorisch. Es kam aber gar nicht dazu, daß ich von meinen literarischen Plänen hätte erzählen können. Johnson sagte »Wozu?«, dabei besah er einen so hintersinnig, wie er eben Leute besah, er trug eine Plexiglasbrille. Sein Manuskript habe nun inzwischen wohl schon allen Parteileitungen aller einschlägigen Verlage vorgelegen, der ruhige Sarkasmus seines Mecklenburger Tonfalls deutete an, wie seine Worte eine generöse Umschreibung einer ganz anderen Institution seien. Dieser langgewachsene hagere Hochschulabsolvent, um den es so viele Gerüchte gab, beobachtete einen auch mit einer Präzision, von Freundlichkeit kaum verhüllt. Der hintergründig-analytische Blick verwandelte seinen Gesprächspartner in ein demnächst zu literarisierendes Objekt. Was mich ärgerte. Das alles gebot einem auch das Sie, ein Kommilitone, kein Mitstudent. Es verhüllte aber die Souveränität seiner scheinbar schwerfälligen Formulierungen, mit denen er einen abfertigte, kaum des Gehetzte, Überarbeitete, Verunsicherte in seiner überlegenen Ruhe; aber dieser Verunsicherte war einem noch in allem überlegen, allein seine Formulierungskraft.

Im übrigen war ich überzeugt, einen externen Doktoranden vor mir zu haben. Man hörte, Johnson sei belesen wie keiner, ein profunder Hegelkenner unter anderem. In einem Oberseminar bei Mayer habe er, nach dem Handlungsbeginn der Goetheschen »Wahlverwandtschaften« befragt, die erste halbe Seite des Romans aus dem Gedächtnis zitiert. Eine andere Anekdote besagte, Uwe Johnson habe statt seiner schriftlichen Examensarbeit einen Roman dem prüfenden Professor auf den Tisch gelegt, was wohlwollenden Zorn bei dem zum Cholerischen neigenden Gelehrten ausgelöst habe. Der Prüfling habe dann in kurzer Zeit noch eine vorzügliche Examensarbeit über Ernst Barlach geschrieben. – Nun kam Johnson wohl von einer Konsultation bei seinem Professor.

Jedenfalls wurde mein Wunsch, das Manuskript einmal lesen zu dürfen, abgewiesen; andere literarische Vorhaben, über die es zu reden lohne, gebe es nicht. So endete unser Gespräch nach zehn, zwölf Sätzen und wohl auf beiderseitigen Wunsch. Ich hatte doch auch meinen Stolz.

Einer Bemerkung erinnere ich mich noch wegen ihrer befremdlichen Humorigkeit. Wenn er, was ja nun inzwischen deutlich geworden sei, in seiner Person nicht als Autor existieren dürfe, möge man ihm doch ein Pseudonym zuteilen, ihm möchte das genügen. Auch sein Humor war abweisend.

Ich wußte mir das alles damals nur als freundliche Arroganz zu deuten, es war aber wohl eher die Schutzhülle eines hochgradig Verletzlichen, der zu allem entschlossen war. Einer wie er konnte in jenen Jahren der voll durchideologisierten kollektiven Disziplin nicht geduldet werden. Das bedauernswerte Studienkollektiv, das einen Uwe Johnson einzugliedern und zu erziehen, zur Aufgabe bekommen hatte! Das unfehlbare Kollektiv konnte nicht nachgeben, und so einer gab nicht nach. Da war die unüberbrückbare Abneigung auf Lebenszeit einprogrammiert.

Vermutlich kannte er damals schon zur Genüge und bis zum hilflosen Haß jene schwer durchschaubaren Interessierten, denen man freundlich und erwartungsvoll ein Manuskript gibt, und später lassen sie es einem mit zwei, drei unverbindlichen Floskeln wieder zukommen; diese Floskeln sind respektvoll-nichtssagend und unzitierbar-vielsagend. Ein zerstörerischer Gang, dieser Gang über viele Jahre hin zwischen diesen undurchsichtigen Schweigern mit ihren sublimen Lächeln: auch ich habe sie später alle kennegelernt. Dauert dieser Gang allzu viele Jahre, wird daraus ein selbstzerstörerischer Gang.

Kurze Zeit später lebte der Mitstudent Uwe Johnson in Westberlin. Ein Umzug. Er bekam bald hohe ehrende Preise für einen Roman »Mutmaßungen über Jakob«; wir konnten diesen Roman nicht lesen. Die Trennung war vollzogen. Seine erste große Erzählung über die Güstrower Oberschülerin Ingrid Babendererde fand man nach seinem Tode unter seinen Manuskripten. Den DDR-Verlagen war sie staatsgefährdend gewesen und »modernistisch«, dem Suhrkamp-Verlag zu DDR-bezogen und »Blut und Boden«-verdächtig. Nun, zu keiner Zeit konnte sich ein schöpferisches Talent die Zeit seines Wirkens auswählen. Das ist die Crux.

Natürlich war er arrogant, welche Begabung könnte denn ohne überzogenes Selbstwertgefühl auskommen, wenn der Mensch die Widerstände zu spüren beginnt, die er wird aus dem Weg räumen müssen auf seiner Bahn zu dem Angestrebten. Glaubt denn etwa jemand, der junge Brecht sei ein sympathischer Mensch gewesen für seine Umgebung? Ich habe einige Leute gesprochen, die den jungen Bert Brecht gekannt haben, den unverschämt ehrgeizigen und schon verprellten. Da war Uwe Johnson wohl die Bescheidenheit selbst.

Der clevere Bertolt Brecht hat einmal gesagt: Ich hacke mir doch nicht den Fuß ab, um zu zeigen, was für ein guter Hacker ich bin. Uwe Johnson hackte; er wollte zeigen, was für ein guter Hacker er ist, notfalls hackte er eben in den eigenen Fuß; er wollte es beweisen um jeden Preis.

Zudem war Johnson kein charakterlich flexibler Sachse. Landschaftlich bedingte Charaktereigenschaften hören ja nicht dadurch auf, Verhalten zu bewirken, daß man beschlossen hat, landschaftlich bedingte Charaktereigenschaften habe es nicht mehr zu geben, habe es bei uns nicht mehr zu geben.

Und es war »kalter Krieg«, das wird heute schon oft nur so leicht hingesagt, es war eine gnadenlose Zeit. Begabte Jugend aber fängt immer unbedingt an, naiv-unbefangen. Vielleicht könnte man die Debütanten geradezu einteilen in solche, die bedingt debütiert haben – eben taktisch klug – und in solche Autoren, die unbedingt aufgetreten sind, mit ihrem Hauptanliegen. Von denen hat kaum einer überlebt.

Kalter Krieg war die Epoche des Entlarvens. War so ein Unbequemer erst einmal außer Landes gegangen, dann hatte er sich selbst entlarvt. Die Welt war wieder im Lot.

Oftmals ist sarkastisch zitiert worden, der Hochschulabsolvent Uwe Johnson sei befunden worden als »nicht geeignet für Beschäftigung in staatlichen Institutionen«; aber das war doch ein Befund, den der Schriftsteller mit seinem Leben bestätigt hat! Jede starke Persönlichkeit provoziert ihre Lebensumstände; provozieren heißt hervorrufen, es ist doch nicht nötig, daß ihr das selbst bewußt wird.

Daß eine Gesellschaft überfordert ist, wenn sie rigoros an ihren eigenen Worten gemessen wird, das hat Johnson ja später selber erfahren müssen, sehr bitter erfahren müssen. In England hat er gelebt in seinen letzten Lebensjahren, und in zunehmender Isolation.

Wir wollen oft so ungern anerkennen, daß doch alles im Leben eine Folge ist. Eine Folge von Folgen von Folgen, die wiederum Folgen von Folgen sind. Aber irgendwo muß man ja einmal einsetzen, gerechterweise, also ungerechterweise.

Dieser Mensch hat alles im Lande seiner Herkunft prägend ernst genommen. Die Praxis an der Oberschule in Güstrow hat er vermessen mit den ethischen Maßstäben, die ihm dort beigebracht worden waren, und zwar rigoros. Bekam doch jeder Zensuren eingetragen im Fach Gesellschaftswissenschaft; er befand den moralischen Zustand der Gesellschaft um sich mangelhaft bis ungenügend. Das trug er ein ins Buch der Klasse oder wollte es eintragen; denn das wollte die Gesellschaft nicht dulden.

Wir Arbeiter- und Bauernkinder wurden doch nicht ausgebildet kostenlos, obendrein wurde uns noch ein Stipendium gezahlt, während ringsum im Lande hart gearbeitet wurde bei geringem Lohn, sehr hart gearbeitet in jenen ersten Nachkriegsjahren und gehungert; wir wurden doch nicht ausgebildet, um der Gesellschaft einen Spiegel vorzuhalten! Qualifizierte Kader wurden gebraucht zum Neuaufbau und zur Umerziehung, präzise geplante und verplante Kader, unsere Leiter und Lenker waren Pragmatiker; da blieb kein Raum für Herumtapsen auf eigene Faust, womöglich gar noch unkontrolliertes Herumtapsen. Sollten sich die hart geprüften Antifaschisten, die an den Schalthebeln der Macht saßen, rigorose Wahrheiten sagen lassen in literarischer Form, von jungen Leuten, denen sie eben erst zur Sprachmächtigkeit verholfen hatten? Und jeder Rigorismus neigt zum Eskalieren.

Die Wurzel der tragischen Schicksale so vieler Talente jener Zeit sind zu suchen im naiven Glauben an die Zeit. Sie hatten geglaubt, was man ihnen erzählt hatte, in den Bildungsstätten, zu denen sie nun Zugang erhalten hatten, dank der neuen Zeit. Sie waren vorbereitet für eine Welt ohne Zwänge, ohne pragmatische Interessen, für eine Welt ohne Korruption; reine Abdrücke naivsten Idealismus.

Freilich brachte das fortschreitende Leben Schicksale dieser Art selten in ungebrochener Form hervor; keiner kann ewig ein Träumer bleiben und Jüngling, man nahm Vernunft an, bekanntlich reifen nicht alle Blütenträume, das Leben ist nun eben mal so wie es ist, irgendwann mußte jeder einmal aus den lichten Höhen der Theorie in die Praxis. Die Zeit der Illusionen war vorbei.

Uwe Johnson, weggegangen nach dem Studium, war immer in einem sublim-verbissenen Gespräch geblieben mit jenen fünfundzwanzig Jahren, ohne die nichts mehr ging bei einem so ursprünglichen Talent. Befremdlich geistert ein »Genosse Schriftsteller« durch sein literarisches Werk. »Bedenkt dies, Genossen ...« »Es mag sein, Genossen ...« Johnsons Prosa ist durchzogen von diesem eigenartigen Monolog mit den ersten fünfundzwanzig Jahren seines Lebens, mit sich. Eine produktive Haßliebe.

Was wollte dieser Mensch in New York City, im Schulbuchverlag von Harcourt, Brace & World? Bis zum Würgen im Halse berührt mich immer wieder der Satz »Sie hätten eine so verdammt gute Zeit miteinander haben können. Ist es nicht hübsch, sich das vorzustellen?«

Gegen jeden eigenartigen Menschen – dieses schöne und menschliche Wort ist ja bezeichnenderweise mit einer Aura des leicht Verdächtigenden umgeben – gegen jeden eigenartigen Menschen war man im Kollektiv wie verschworen; war doch schon mancher Eigenartige auf einer Versammlung entlarvt worden. So einer störte auf eine tief beunruhigende Weise; warum war er anders als alle anderen, warum betonte er das auch noch? Warum mußte einer etwas anderes wollen, als was für alle im Plan stand. Wollte er klüger sein als alle anderen, als alle anderen zusammen?

Letztlich konnte man nicht einmal sicher sein, ob ihn nicht eine fremde Macht dafür bezahlte, daß er so anders war.

Uwe Johnson, die Erde möge ihm leicht sein, wo immer er sein Grab gefunden haben mag, er war ein Opfer. Der kalte Krieg kennt genauso seine tapferen Gefallenen wie der Krieg, seine Leicht- und Schwerverletzten, seine Irregewordenen. Es geschieht nur alles verdeckter, und schwer durchschaubar sind oftmals die Frontverläufe. Die Zeit aber macht sie überschaubar.

Und wie Johnson sich bemühte, mit Erfolg bemühte, nicht er selbst zu sein. Furchtbar.

Sein beseeltes Erzählen wurde regelrecht denunziert in hochgestochenen Abhandlungen als »kitschverdächtig« und »Blut und Boden«-Nachklang. Wie aufgesetzt und angesetzt wirkt das syntaktisch Verquere und Anglisierende und so überaus gewollt »Mutmaßende«, eben diese Gipfelleistung der Prosa der Moderne. An diesem spezifisch »Johnsonschen« konnten sich Literatur-Deuter regelrecht berauschen in einer deutsch-deutschen Esoterik; und Johnson war von ihnen abhängig. Unter ihrem Patronat, unter ihrer Protektion perfektionierte er seine Neigung zum Gewollten bis in den Manierismus. Wo er aber ins Erzählen kommt, in sein schönes freies begnadetes Erzählen, was für eine genaue und dabei innig-poetische Prosa, wie menschlich-wohlwollend. Und von seiner ersten großen Erzählung an, wo sich doch andere Talente mühsam an ihr Vermögen herantasten müssen, über ein Jahrzehnt. Liebesbeziehungen, zart und keusch berichtet, beobachtet mit allen Sinnen und so anrührend karg wiedergegeben; ein Erzählen, der Herkunft verpflichtet im Sozialen und im Landschaftlichen aufs Anrührendste. – Wie kann ein Talent in den Ruhm geführt werden und in die Irre innerhalb eines Jahrzehnts?

Eine bestimmte Art Stolz, eine bestimmte Art abstrakten Stolzes ist eine furchtbare Schlinge, darin erhängt man sich früher oder später. Nun, Uwe Johnson war nicht der erste, er wird nicht der letzte gewesen sein, soviel Neues geschieht nicht unter der Sonne.

Ein polnischer Aphoristiker hat bemerkt, daß jene, die ihrer Epoche vorauslaufen, oftmals in sehr unbequemen Unterkünften warten müssen, bis das Gros heran ist. Dieses Bild ist leicht zu erweitern: Wenn Menschen, die zusammengehören, verschiedene Wege gehen, so können sie sich unterwegs verändern bis zur Unkenntlichkeit. Man kennt sich nachher nicht mehr. Diese Tragik hat der

Schriftsteller Johnson ausgeschritten, bis zum bitteren Ende.

Wenn sich in den vergangenen drei Jahrzehnten keine Gemeinsamkeit ergeben hat für ein Nachdenken in Vernunft über ein solches Schicksal, der Tod, der elende Tod einer so eminenten Begabung sollte auch für den Hartgesottensten Anlaß zum Nachdenken sein, zum Nachdenken in Gnade. Und für Menschen, die damals, zu unseren Zeiten, auf diese oder jene Weise persönlich verstrickt waren in sein Schicksal, wäre Schweigen eine angemessene und respektable Haltung.

Wo immer er begraben sein mag, sein Grab sollte rechtens sein auf dem Dorotheenstädtischen Friedhof zu Berlin. Wenn schon die verlorene Heimat ersatzlos gestrichen worden war, um mit seinen Worten zu reden.

Was an Büchern hätte uns ein Uwe Johnson in einem Haus in Mecklenburg schreiben können zwischen seinem fünfzigsten und seinem siebzigsten Lebensjahr. »Sie hätten eine so verdammt gute Zeit miteinander haben können. Ist es nicht hübsch, sich das vorzustellen?« Der Schriftsteller Uwe Johnson hätte seine Bücher wohl nur hier schreiben können; das mag mehr als merkwürdig klingen, denn hier hat er sie ja eben nicht schreiben können.

Mir ist das kein Widerspruch, nur eine Tragödie, eine Tragödie unter vielen Tragödien. – Vermutlich hat er seine Bücher gar nicht geschrieben, die Bücher, die zu schreiben vom Schicksal ihm aufgegeben war, sein Werk. Die Lektüre des ersten Romanes »Ingrid Babendererde« kann einen auf solche Gedanken bringen.

In einer Rezension las ich einmal, der Schriftsteller Uwe Johnson sei aus dem Osten weggegangen, aber eigentlich niemals im Westen angekommen; er habe niemals gelernt das »Cocktail-ABC«. Welch ein Kürzel! Vermutlich war es in dieser Tiefe gar nicht gemeint.

Es wurde gemutmaßt, vielleicht bestehe die Tragik des Schriftstellers Uwe Johnson tatsächlich zu einem Teil darin, ein Zeitthema vor der Zeit angepackt zu haben, sein Versuch, objektiv zu schildern, mitten im kalten Krieg.

Mir scheint da jeder Konjunktiv überflüssig, die Tragik des Uwe Johnson besteht darin. Er ist ein Opfer des kalten Krieges geworden. Eines unter Zehntausenden.

Aber das sind alles so Urteile. Wie sollte man auch ein fundiertes Bild sich machen können von seinem Werk. Johnsons Bücher waren bei uns nicht zu haben. Man hörte eine Lesung im Rundfunk, ein Interview, mal ein Taschenbuch geborgt für ein paar Tage, ein Stück TV-Film, wie er in New York das Leben der Gesine Cresspahl kommentiert, mühsam, ein alter Mann von 48 Jahren. Mal einen Zeitungsartikel, sein Können in den Himmel lobend, mal ein Artikel, ihn verspottend als hochgelobtes Pseudotalent. Parodien, seine verquere Syntax nachalbernd ohne Einsicht in die Problematik. Sein vierbändiges Hauptwerk »Jahrestage« habe ich niemals in der Hand gehabt.

»Frankfurter Vorlesungen« aus dem Jahre 1979, dieser riesige, ganz brüchige und deshalb so anrührende Rechtfertigungsversuch eines großen, schon zerbrochenen Talents. Rechtfertigungsversuch vor einer Nachwelt, aber noch immer trotzig-redlich verquer, eben Johnson der Pommer, der Mecklenburger. Unvergessen ein Schlüsseltext mit unerhörtem Tiefgang, sein »Selbstnachruf« in souveränem Englisch in »Vorletzte Worte«. Johnson beschreibt mit eiskaltem Humor seine Existenz als ferngesteuerte Marionette nach seinem Weggang aus der DDR. Er vertritt als »Schriftsteller« Bücher, die er gar nicht geschrieben hat, dafür wird er bezahlt, gut bezahlt. In einer satirischen Parabel also bekennt er, *seine* Bücher nicht geschrieben zu haben.

Vermutlich macht sich keiner von uns eine Vorstellung, was dieser Mann durchdacht hat und durchgemacht hat auf seinem vielbeschrieenen Lebensweg bis zum elenden Tod in Sheerness-on-Sea auf der Isle of Sheppey in der Themsemündung.

Die tiefste Ursache für sein Schicksal, das Auslösende, dürfte in seiner Kindheit zu suchen sein; man sollte aber nicht suchen. Dieser norddeutsche Junge hat den anderen wohl zeigen wollen, daß er genausoviel wert ist wie jene, die von ihrem Vater erzählen können, und er hatte viel Kraft. Sein ganzes Lebenswerk war wohl ein Werben um Anerkennung, letztlich eine Bitte um Liebe. Und er hatte viel Kraft. Und er wurde kalt abgefahren mit seinem Angebot, als er sich in Zeiten des kalten Krieges ins Gesellschaftliche verstrickte. Er hatte nicht Glück noch Stern; er hatte einer Epoche mehr zugemutet, als sie zu geben vermochte.

Eine Abschweifung, wenn sie gestattet ist. Wird doch immer nur bemerkt am Alkohol das Zerstörerische, kaum jemals das Leben-Ermöglichende. Vermutlich hat die Natur sublime Vernunft, ist doch Trunksucht ein Durst der Seele, nicht des Körpers. Wenn nun die Natur die Alkoholbetäubung verlangt als Nötiges, als dämpfendes Kissen zwischen dem wunden Gemüt eines Menschen – eines weidwunden Menschen womöglich – und den Schlägen, denen er wehrlos und hilflos ausgesetzt ist. Fortwährend ausgesetzt, und eben wehrlos, den offensichtlich unabwendbaren Schlägen des Lebens, den unerträglichen. Und seien es zuletzt nur noch jene Verletzungen, die man sich selbst beibringt aus Ratlosigkeit und Verzweiflung. Die Ängste.

Das am Ende Tödliche als vorerst Lebenerhaltendes. Johnsons spanischer Rotwein »Corrida«, eine Zwölferkiste an jedem Freitag. So wurde das Werk vollendet, der große vierte Band der »Jahrestage« geschrieben, geschrieben mit Hilfe des die Schaffenskraft Zerstörenden.

Hörsaal 40

Erinnert sich noch einer der Akazien oder Robinien, was immer die niedrigen verstümmelten Bäume am Denkmal des Gottfried Wilhelm Leibniz gewesen sein mögen, sie streckten ihr grünes Gefieder erst spät im Frühjahr heraus, da saßen wir schon lange sonnenhungrig in der Mittagsstunde auf den Stufen des Denkmals, um uns die Spatzen. Die Pflasterung war nur noch stellenweise erhalten in diesem Paulinerhof; wie die Bäume nur den Untergang in Bomben und Brand überlebt haben mögen, grob zernarbt waren die Stämmchen. Wir wußten wenig von Universitätsgeschichte, für uns war das eben so ein Hof an unserem Universitätsgebäude, es war das Albertinum. Im Haupteingang lag meterhoch der Trümmerschutt, sträucherbewachsen, dort führte das wilhelminische Universitätsgebäude den Namen Augusteum. Hoch unterm antiken Schmuckgiebel stand in brandfahlen Lettern UNIVERSITAS LITTERARUM LIPSIENSIS. Was war uns Latein, was interessierten uns Könige. Die prachtvollen Frauengestalten, die den Prunkbalkon trugen, auf den seit der letzten Bombennacht keiner mehr hinaustreten konnte, das waren Karyatiden. Was es nicht alles gegeben hatte.

Es war auch gar kein Hof mehr, das Bornerianum zur Grimmaischen Straßen hin, das hatten die Bomben weggerissen, auch das Paulinum zur Universitätsstraße, das Archäologische Museum auch; der Krieg hatte Baufreiheit gerissen, nur die Paulinerkirche hatten die Bomben verschont, die Universitätskirche. Viele Stunden am Tage drang aus dem Kirchenschiff eintönige Orgelmusik, da übten wohl Theologiestudenten; war ja alles dermaleinst Klostergelände gewesen, das Paulinerkloster der Dominikanermönche. Wenige Wochen vor unserer Immatrikulation hatte man eine repräsentative Tafel aus schwarzem Glas angebracht neben dem Hofeingang: Karl-Marx-Universität, Philosophische Fakultät.

Professor Frings war der geachtetste aller Professoren und der souveränste. Der Professor Frings war Mitglied der Akademie in Stockholm und in Helsingfors auch, und Mitglied der Bayerischen Akademie der Wissenschaften in München und Korrespondierendes Mitglied der Akademie in Wien und Ehrenmitglied der philosophisch-historischen Klasse dort. Und Mitglied der Gustav-Adolf-Akademie in Uppsala; dort wurde der Codex argenteus aufbewahrt, das war die Bibelübersetzung des gotischen Bischofs Wulfila, 177 purpurgefärbte Pergamentblätter. Die hatte er gewiß auch schon in Händen gehalten. Ein gewöhnlicher Sterblicher konnte gar nicht fahren in solche Länder.

Professor Frings war auch Präsident der Sächsischen Akademie der Wissenschaften zu Leipzig. Und Nationalpreisträger, das war etwas Unerhörtes. Und Mitherausgeber des Althochdeutschen Wörterbuchs, und Leiter der Herausgabe des Deutschen Wörterbuchs der Brüder Grimm; an diesem Wörterbuch arbeiteten die Gelehrten schon mehr als ein Jahrhundert, unter unserem Professor wurde es zum Abschluß gebracht. Ordentliches Mitglied der Deutschen Akademie der Wissenschaften war Frings auch. Und dieser Mann erklärte einmal bei einer Vorlesung, daß er immer nachsehen muß im Duden, wie das Wort sich schreibt, wenn ich mich recht erinnere, war es das Wort Waage, also ob es sich mit einem a oder mit zweien schreibt; das war ein Wort, das konnten Studenten – wie ich einer war – richtig schreiben, ohne im Duden nachzusehen. Dann erzählte er, wie willkürlich diese Schreibweise entstanden war und in welchem Jahrzehnt; ein Steuerbeamter hatte es wohl zur Unterscheidung von Fuhrwerken eingeführt.

Das war mir überhaupt das Beeindruckende an dem Menschen, daß er keinerlei Imponierendes nötig zu haben schien, er besaß die natürliche Autorität. War ihm einmal störende Unruhe im vollen Hörsaal 40, sah er auf von seinen Notizen. Frings hatte eine ganz eigene Art, mit seiner Hand durch rhythmische Bewegungen seinem Vortrag

Nachdruck zu verleihen; diese Gestik stellte er ein, sah das Auditorium an, wie ein vom Benehmen seiner Schulklasse unangenehm berührter Lehrer, dann las er weiter. Da war kein Wort nötig.

Wir haben diesen im deutschsprachigen Raum berühmten Gelehrten seinen Stuhl beiseite rücken sehen, er saß immer auf einem Stuhl, etwas seitlich hinter dem Katheder, er rückte seinen Stuhl heraus, krempelte ein Hosenbein hoch und führte uns an seinem Sockelhalter etwas vor, etwas die frühmittelalterliche Kleidung Betreffendes. Vielleicht die bruoch, aber das war ja die Hose um Hüfte und Oberschenkel, Vorläufer unserer Hosen. Jedenfalls konnte er etwas im Text schwer Verständliches am anschaulichsten uns an seinem eigenen Beispiel darstellen. Danach krempelte er das Hosenbein wieder herunter, und weiter ging es in der Wissenschaft vom Alt- und Mittelhochdeutschen.

Vor allem solche Dinge waren es, die mir diesen Mann unvergeßbar gemacht haben: andere Professoren hatten doch eine präzise Inszenierung, vom Betreten des Hörsaales an. Professor Frings kommt, nimmt das begeisterte Begrüßungsklopfen hin, besieht sich an den Tafeln, ob die komplizierten Wortentwicklungen – von der vor dem Althochdeutschen erschlossenen Wurzel an – richtig aufgezeichnet worden sind. Als er aber in seiner Materie fortfahren will, beginnt er in seinen Aufzeichnungen zu suchen, wendet sich fragend an die Mitarbeiter in der ersten Reihe, und schon eilt Frau Dr. Linke zur Tür. Nun heißt es warten, in dieses Warten hinein erklärt er dem Auditorium, daß er sich unten Notizen gemacht hat, unten in seinem Zimmer, auf einem Zettel, was er jetzt hier braucht. Nun haben wir das Aufgeschriebene nicht, nun kann es nicht anfangen; höchstwahrscheinlich habe er den Zettel auf seinem Schreibtisch liegenlassen, aber Frau Dr. Linke wird ihn gleich bringen, und da kommt sie schon mit den Aufzeichnungen. Am Ende der Vorlesung ordnet er Seminarumstellungen an. Er fährt heute nacht noch nach Stockholm, zu einem Vortrag.

Wenn das Mittelhochdeutsche für mich einen Sinn bekommen hat, außerhalb des reinen Lernstoffes, dann durch diesen weißhaarigen Gelehrten mit dem stets korrekt gezogenen Scheitel und dem gütig-strengen Blick. Unvergessen der Klang seiner Stimme, einer Stimme voller Selbstwertgefühl. »Lorsch, das Benediktinerkloster, eine Gründung des 7. Jahrhunderts. Die Äbte geboten als Fürsten über Teile der Rheinebene und des Odenwaldes.« Die souveräne kehlige Stimme des gebürtigen Rheinländers Professor Frings.

»Melk an der Donau«, eine karge Geste wies gleichsam nach der gewaltigen Klosteranlage hoch über der Donau. Dort in den Klosterzellen, in den Scriptorien, wurden die Epen aufbewahrt, entstanden die Abschriften für künftige Jahrhunderte. Stätten europäischer Kultur.

Frings hat uns einmal aus dem Epos »Tristan und Isolde« vorgelesen, er hat uns mit der Macht seines Schilderns in die Jagdhütte geführt, wo die beiden Liebenden beieinanderlagen – wie Ernst Bloch uns in die Schusterstube des philosophisch spekulierenden Jakob Böhme führte mit der Macht seines Schilderns. Die Erzählgewalt der Persönlichkeit, Menschenschicksale beschwörend über die Jahrhunderte hin!

Das war in alten Zeiten, als Marke König war in Kurnewal. Und der König sah die Ehebrecher in der Laubhütte, ein Sonnenstrahl fiel auf Isoldes weißes Antlitz. Da nahm der König seine hermelinbesetzten Handschuhe, er dachte: Sie war es gewesen, die sie mir einst aus Irland mitgebracht hatte. Und er steckte sie in das Loch, durch welches der Sonnenstrahl hereinfiel; dann zog er sachte den Reif mit den Smaragden von ihrem Finger, einstmals hatte er ein wenig Gewalt anwenden müssen, um ihn ihr aufzustecken, jetzt aber war ihr Finger so dünn, daß der Ring sich ohne Mühe abstreifen ließ, an seine Stelle setzte der König den Ring, den ihm Isolde zum Geschenk gemacht hatte. Dann nahm er das Schwert hinweg, das die Liebenden trennte, das nämliche, er erkannte es wohl, welches im Schädel des Morolt ein Stück seiner Schneide gelassen hatte, legte das seine an die Stelle, trat zurück aus der Jagdhütte, sprang in den Sattel ...

Frings beschwor mit seinem großbourgeoisen kehligen rheinischen Hochdeutsch das Schicksal eines betrogenen Liebenden, daß es einem in der Kehle würgte. Auch seine Stimme zitterte momentweise, so ergriffen war auch er von dem schlimmen Geschick der drei Menschen aus dem Epos des Gottfried von Straßburg. »Isot ma drue, Isot m'amie; en vos ma mort en vos ma vie!«, denn das war schon ein altfranzösischer Stoff gewesen. »swaz in dem herzen alle zît / versigelt unde beslozzen lit / deist müelîch zu verberne / man üebet vil gerne / daz die gedanken anget. / daz ouge oft vil oft an die vart / an der ir beider vroude ir wart.« Der Romanist Bédier hatte eine deutsche Prosafassung gemacht, Charles Bédier, mit ihm war Frings gewiß auch befreundet gewesen.

Alle Generationen Studenten mögen uns beneiden, die wir in einer solchen Stunde im Hörsaal 40 gesessen haben. Welch eine Geste, mit der Frings beim Vortragen andeutete, wie der im Herzen verzweifelte König Marke über dem schlafenden Paar seine Handschuhe in das Laubdach stopfte, denn er liebte doch seine durch Liebeszauber dem anderen verfallene Isot. Und die Stimme des Theodor Frings.

Wir schämten uns aller Gefühle. Wir waren eine Nachkriegsgeneration. Brecht hieß der Gott der Stunde, Bertolt Brecht, der seine Bibelverbundenheit, seine romantischen Gefühle, ja seine bayrischen Sentimentalitäten des katholischen Bänkelgesangs aufs gesellschaftliche Eis gelegt hatte, und mit hohem Raffinement! Davon ahnten seine Schüler nichts, sie legten direkt aufs gesellschaftliche Eis, was sie hatten. Auch was sie nicht hatten.

Warum hat uns keiner gesagt, daß wir gleich wieder in den »legendären Hörsaal 40« gehen werden, wenn wir eine Zigarette rauchend und diskutierend an der Balustrade standen überm Lichthof der riesigen Augusteum-Ruine. Die hohen hellen Holztüren waren in ein Fresko eingelassen, also Reste von Wandmalerei, wohl von Klinger; es stellte die Platonische Akademie dar, ideale Menschen in idealer Landschaft. Wir wußten nur, daß man bei Mayer Plätze belegen mußte Stunden vorher, mit Namenszettel, bei Bloch auch, bei Frings in den Literaturvorlesungen, zu Korff kamen auch viele Gasthörer. Wir gingen nur in unseren neuen Hörsaal.

Sachte schält sich heraus aus der Geschichte, was wir für eine Zeit erlebt haben, was für eine große Zeit wir erlebt haben; eine unerhörte und einmalige Konzentration von bedeutenden Gelehrten aller Fachgebiete. – Vielleicht ist auch unsere derzeitige Epoche nur an ihrer Oberfläche so, wie sie uns derzeit erscheint. Können wir es wissen, kann man es heute schon wissen?

Unser Professor Hans Mayer galt als spöttisch-arrogant, er war aber in seinem Wesen eher unsicher-freundlich als arrogant, er hielt auf Distanz, und das dürfte nach seinem Leben gute Gründe gehabt haben. Unwissenheit und Ahnungslosigkeit machten ihn nervös, gereizt konnte er werden, wenn sich das mit Trägheit gekoppelt hatte und nun noch mit einem gewissen ideologischen Selbstwertgefühl vorgetragen wurde. Dann wandte er sich innerlich ab, ein sarkastisches feinstes Lächeln stand ihm dafür zur Verfügung.

Was mag dieser hochsensible hochintellektuelle Mann manchmal gedacht haben angesichts der entlaufen gemachten Autoschlosser, dieser ABF-Absolventen in seinen Oberseminaren; er hielt sich instinktiv an die paar Köpfe, Intellektuellenkinder oder Hochbegabte. So ein Werkzeugmacher mochte ja in seinem Beruf ein aufgeweckter, gescheiter Kopf gewesen sein, aber die Ungeistigkeit stand uns doch an der Stirn geschrieben, wie Intellektuellen das Unpraktische auf den Händen geschrieben stehen kann; mir hat er einmal gesagt: Mit dieser Sprache können Sie keine differenzierten Gedanken entwickeln. Das hat er natürlich viel differenzierter gesagt und wohlwollend. Der Oberlausitzer Dialekt war es vermutlich, der ihn irritierte.

Heine-Oberseminar. Professor Dr. Hans Mayer sitzt seitlich unterm Fenster auf einem der gelben ausgedienten Stühle, Mappe und Schreibgerät auf den Knien, lauscht er den Ausführungen des Referenten und hat dabei uns anderthalb Dutzend Seminarteilnehmer im Auge. Er war bereit, selbst die simpelsten Zusammenhänge zu erläutern, aber er litt physisch unter sich intellektuell unbedarft hinquälenden Gedankengängen. Da ich als Nächster da vor aufs Podest muß mit meinem Referat »Heinrich Heine und Ludwig Börne, die persönlichen Beziehungen«, beobachte ich mit wachsender Sorge seine zunehmende Gereiztheit; denn da redete einer schon an die zehn Minuten über die fortschrittliche Rolle Heinrich Heines im allgemeinen und seine Fortschrittlichkeit durch seine Freundschaft mit Karl Marx und Friedrich Engels im besonderen, und wie das alles im »Lifschitz« zum Ausdruck kommt. Immer öfter schiebt Professor Mayer zwei Finger zwischen Hemdkragen und Hals, man sieht, wie der innere Geduldsfaden am Reißen ist; alles an ihm sitzt unbehaglich und eng, und mit wachsender Gereiztheit verschiebt er den Kopf gegen den Körper. Ein Paganini auf einem Ochsenkarren.

Dann reißt der Faden; er unterbricht mit kurzen, scharfen Fragen, wann der Referent zum Thema zu kommen gedenke. Der erschrickt, da er doch mitten im Thema zu sein glaubt. Er erfährt, die Fortschrittlichkeit Heinrich Heines verstehe sich von selbst in einem Oberseminar. Nur die Höflichkeit verbietet dem Professor, dem Schweifen im Fortschrittlichen vorzeitig ein Ende zu machen. Das Schweifen im Fortschrittlich-Allgemeinen war sehr beliebt in jenen Jahren, es ersparte die Mühe konzentrierter geistiger Arbeit. Und wie eine Schmierenbühne ihre paar Kulissen und Soffitten für alle möglichen Stücke verwendet, so konnte, garniert mit Aussprüchen führender Politiker, über alles mögliche geredet werden, und zwar wissenschaftlich. So folgen der ausschweifenden Einleitung nur neue Ausschweifungen, wie fortschrittlich Heine gewesen war, gemeinsam mit seinem Freunde Karl Marx. »Deutschland.

Ein Wintermärchen«, auch Lenin hatte ja Heinrich Heine geliebt, wie alle Sowjetmenschen ihn kennen und lieben. Nur in den Jahren des Faschismus …

Damit ist für den politischen Emigranten Hans Mayer die Grenze des Ertragbaren erreicht. Er tritt ans Pult, bittet den Referenten abzutreten, die Zeit sei vorgeschritten; der Referent aber in seiner Not erklärt, er sei soeben so gut wie am Ende seiner politisch einleitenden Ausführungen. Nichts läßt der Professor mehr gelten, seine intellektuelle Leidensfähigkeit hat ihre Grenzen, und ein Oberseminar ein unteres Niveau. Der Referent aber klammert sich ans Rednerpult. Der Professor, überzeugt, da komme nichts mehr an Substantiellem, versucht, unerbittlich den Kopf schüttelnd, den Studenten mit milder Gewalt zu entfernen. Aber wie eine Katze, die in ihrer Angst auf einen Baum gekrochen ist und nun nicht wieder herunter kann, versteift der Bedrängte sich in die Behauptungen, jetzt komme gleich das Wesentliche, das Thematische. Der Professor zieht an ihm, der aber versucht durch Aufzählung aller hohen akademischen Anreden Milde und Rettung zu erwirken; aber selbst der Titel »Nationalpreisträger«, die Beschwörung der Nationalliteratur im Professorentitel seines hohen Widersachers, nichts läßt der mehr zur Entfaltung kommen, er versucht sich Platz zu verschaffen am Rednerpult.

Uns laufen kalte Schauer über den Rücken, denn das ist der erste Teil von zwei Stunden Oberseminar. Hocherregten Gesichts verläßt Professor Mayer den Raum, der Referent, von seinem Krampf erlöst, begibt sich bleich auf seinen Platz. Der Professor kehrt zurück in die schweigende Ratlosigkeit, dankt kurz dem Referenten für sein Bemühen und spricht dessen Thema in Form eines zehnminütigen Essays, den jede Fachzeitschrift ohne ein Wort der Korrektur drucken könnte. Danach nimmt er wieder Platz auf seinem alten gelben Stuhl, bittet den nächsten Referenten. Und ist ein Zuhörer, dessen anerkennender Worte man sicher sein kann, wenn nur einiges an Studierfleiß sichtbar wird, und einige eigene

Gedankengänge. Danach spricht er seinen Essay zu den persönlichen Beziehungen zwischen Heinrich Heine und Ludwig Börne; und wir lauschen und mögen die Hälfte von dem begreifen, von dem, was uns da an Einsichten und Einblicken geboten wird. – An den Schluß seiner Ausführungen setzte Professor Hans Mayer gern Scherzhaftes, das tat allen wohl; erst heute weiß man so was zu schätzen.

Thomas Mann war der Halbgott der Stunde. Wenn Professor Mayer von Thomas Mann sprach, einem Nobelpreisträger, das war das Wahre, das Bleibende, das Klassische. Seine zehnbändige dunkelgrüne Leinenausgabe der Gesammelten Werke auf Dünndruckpapier, es war die Inkarnation des Goethischen in unserer Zeit. Wie mit dem Ortsnamen »Zürich« operiert wurde, »Kilchberg am Zürichsee«, das bedeutet europäisches Bildungs-Großbürgertum, das Angestrebte, heimlich Angestrebte, die Insel der Seligen. Und ein einsamer Gipfel der Weltliteratur hieß »Doktor Faustus. Das Leben des deutschen Tonsetzers Adrian Leverkühn«.

Es gab noch einen stilleren, ferneren Halbgott in Montagnola, auch ein Nobelpreisträger, er hieß Hermann Hesse und war ein Weiser. Dessen einsamer Gipfel in den Wolken war »Das Glasperlenspiel. Versuch einer Lebensbeschreibung des Magister Ludi Josef Knecht«. Wir konnten es kaum fassen, als schon zehn Jahre später die Götter ausgewechselt wurden, relativiert und teilweise außer Kurs gesetzt. Ein Robert Walser sollte eine bessere Prosa geschrieben haben, den Namen hatten wir noch niemals gehört. Er hatte auch nicht in einer Villa am Zürichsee geschrieben, in einem Zimmer in einer Nervenheilanstalt sollte der geschrieben haben. Na.

In unserem Universitätsgebäude gab es doch aber nicht nur den Hörsaal 40, es gab einen Hörsaal 11, einen Hörsaal 14, einen Senatssaal; wie mag der ansteigende dunkelgetäfelte Raum geheißen haben, in dem Prof. Dr. Johannes

Jahn seine Lichtbilderserien zu romanischen Säulenbasiliken im Stile der Benediktinerabtei Cluny uns vorführen ließ? Die Erinnerungen verblassen. In den Gängen der zwei umlaufenden Obergeschosse lagen Seminarräume; die soliden Türen sind mir erinnerlich. Auch sie wären vergessen, wenn nicht die Schienen für Kamerafahrten an einer Reihe dieser dunklen Eichentüren entlang ausgelegt gewesen wären.

Der Lichthof jenes wilhelminischen Augusteums hatte eine riesige kassettengeschmückte Tonnengewölbe-Decke. Durch die tiefen Fenster der umlaufenden Galerien fiel das Sonnenlicht in den ewig düsteren Raum in grellen, phantastisch gebrochenen Schwaden! Die Erinnerung an diese noch als Ruine imposante antikisierende Architektur, die nun wiederum einem antikisierenden Schicksal zum Opfer gefallen war, die Erinnerung wäre mir nicht so bildhaft gegenwärtig, wenn nicht unser Kameramann in eine Art Berufs- und Berufungsrausch geraten wäre angesichts dieser erstarrten Wasserfälle von Schatten und Licht. Immer wieder zeigt er uns begeistert diese Fluten gebrochener Lichtschwaden in dieser ungeheuren Architektur, mit den Minuten wechselte der Sonnenstand das Szenarium. »Naja, da kostet es eben mal paar Meter!«, rief er jungenhaft strahlend und unbekümmert, als er darauf aufmerksam gemacht wurde, daß über jeden Meter Film streng Buch geführt wird.

»Das sind Dokumente! Das wird doch alles weggesprengt in absehbarer Zeit, das gibts doch in ein paar Jahren nur noch als Erinnerungen!«

Das wechselnde Licht modellierte tief unten und gruppierte immer aufs neue die Gruppen der antiken Götter und Göttinnen: Die Gipsabguß-Sammlung der Universität, oder was die Bombenangriffe davon übriggelassen hatten, hier hatte man es abgestellt. Da stand lebensübergroß die Laokoongruppe, der sagenhafte trojanische Priester wand sich mit seinen Söhnen in Schlangen; daran hatte Lessing etwas bewiesen, wohl die Grenzen von Malerei und Poesie, wenn ich recht erinnere. Mich aber hat es immer merkwürdig berührt, wie künstlich Menschen verstrickt sein können, vermögen aber offensichtlich sich doch nicht selbst zu befreien. – Vor allem aber die nackten Schönen! Eine Venus neben der anderen, und alle in Lebensgröße, eine Aphrodite bei der nächsten, schaumgeboren oder berühmt wegen ihres schönen, männererregenden Hinterns. Was waren dagegen die Köpfe von Sophokles, Sokrates und der häßliche Äsop. Alles aber verstaubt mit den Jahren, und oftmals angeschlagen. Und nur zu besichtigen hinterm Rücken des Pförtners in seiner Holzbude, hinter einer raumumspannenden Kette mit Schildern »Betreten verboten!«, »Einsturzgefahr!«.

Bei einer nächtlichen Rohschnitt-Vorführung wurden auch Passagen der Kür unseres Kameramannes gezeigt und zur allgemeinen Begeisterung. Es war eine faszinierende Huldigung an eine nun endgültig zum Untergang verurteilte Universität, wer hätte ein solches Lichtschauspiel auch zu inszenieren vermocht.

Das alles geschah im Frühsommer des Jahres 1964, bald danach wurde mein Film von der ratlosen Liebe eines Studenten zum Verschwinden gebracht, wer klagt den Himmel an, wenn sich das Wetter ändert? Ein Plenum hatte stattgefunden, ein II. Der Film wurde denunziert und daraufhin liquidiert, und da ich keinen namhaften Namen hatte, bestand auch keine Veranlassung zu einem Wort der Erklärung in der Öffentlichkeit. Unzulässige Sicht auf unsere Gesellschaft dürfte das Verdikt gelautet haben, eine Kollission von realistischer Literatur mit der Realität. Und wie wenig sich die Denunzianten ihrer Sache sicher waren, mag man daraus ersehen, daß sie sich auf einen Austausch von Argumenten gar nicht erst einließen.

Meine Arbeit von zwei Jahren wurde durch einen Griff aus dem Dunklen heraus auf den Abfall getan. Niemals wieder habe ich etwas vernommen über den Film »Studenten«. Wo mag das Filmmaterial gelagert gewesen sein nach dem jähen Verbot? Ob man es eine Zeitlang aufbewahrt hat als Corpus delicti? Ina Paul-Birnbaum hieß die

Dramaturgin. Als wir einmal vor ihren Leitz-Ordnern standen, mit meinen »Textfassungen« des Drehbuchs, sagte sie resigniert-lächelnd: »Das wäre Material für eine Literaturgeschichte unserer Zeit.« Ein paar Jahre wird sie dieses Belletristik-Kompendium aufbewahrt haben in Hoffnung oder als Beleg zu ihrer Verteidigung, bis die tausend Blätter ins Altpapier gewandert sind oder in den Ofen. – Erziehung der Gefühle.

Doris Thalmer hat die Mutter gespielt, ein hartes, gütiges Gesicht. Die Ruth hat Jutta Wachowiak gespielt, wohl ihre erste große Filmrolle; Winfried Wagner hieß der Darsteller des Werner Schorisch.

Viele, viele Jahre hat es mir leid getan, um das Produkt engagierter, aufopferungsvoller Arbeit so vieler Menschen, freilich hing der Ludergeruch des Verbotes schon über dem letzten Teil der Dreharbeiten. Die schöne Liebesszene in der Thomaskirche! Die Szenen an Auerbachs Keller, die Szenen auf den regennassen nächtlichen Straßen eines Leipzigs der sechziger Jahre; ein naiver Student, aus existentieller Ratlosigkeit betrunken bis zur Besinnungslosigkeit. – Erziehung der Gefühle.

Als drei Jahre später ein Theaterstück zum gleichen Thema am Leipziger Theater in den letzten Proben liquidiert wurde, ebenfalls ohne ein Wort der Erklärung an den Autor, nachdem man das Stück mit machiavellistischen Tricks über mehrere Spielzeiten vor sich her geschoben hatte, da fragte Professor Dr. Walter Dietze in einem Universitätszeitungs-Artikel öffentlich an, warum man eigentlich die literarische Gestaltung studentischer Thematik fordert, wenn man danach mit dieser Literatur so umzuspringen gedenkt. – Ein einsamer Rufer mit einem vorsichtigen Ruf in einer eifrig schweigenden Wüste.

Ein Jahrzehnt lang wohl oder mehr als ein Jahrzehnt lang habe ich mir gewünscht, einem dieser Lumpen der namenlosen Macht einmal von Angesicht zu Angesicht gegenüberzustehen, einem der Lumpen, die mir aus dem Dunklen der kulturpolitischen Administration heraus so geschickt ein Bein gestellt haben, daß ich für viele Jahre meines Lebens gestürzt bin. Mit den Jahren hat sich auch dieser Wunsch verloren. Womöglich würde er einem heute die Hand geben und gar nicht wissen, wovon die Rede ist, willfährige Pragmatiker, pragmatische Willfährige. Lebenstüchtige. Hoffen wir, daß er sich damals eine Medaille für revolutionäre Wachsamkeit ergattert hat, nachdem das Filmmaterial als vernichtet betrachtet werden kann, wenn nicht alle Nachrichten trügen, damit nicht alles ohne jeden Sinn war. Erziehung der Gefühle. – Und es ist noch nicht aller Tage Abend.

Eine Generation, erzogen und eingesetzt zu der menschlich-unmenschlichen Aufgabe, eine Gesellschaft umzubrechen, eine Gesellschaftsordnung, die sich als verbrecherisch im hohen Maße erwiesen hatte oder leicht benutzbar für Verbrecherisches, das durfte sich nicht wiederholen, nach zwei Weltkriegen mußte damit Schluß sein ein für allemal; koste es notfalls, was es wolle.

Aber eine Vokabel wie »postrevolutionär«, wie klang das in unseren Ohren? Wer zu ideologischen Kämpfen erzogen worden war, war nun eben ein ideologischer Kämpfer und wollte kämpfen. Wohin nun mit all dem Anerzogenen und meisterhaft Geübten; wohin mit der wölfischen Härte der Gerechtigkeit, ohne die doch der erreichte Zustand nicht zu erreichen gewesen wäre? Im Wort »Kader« hallt es doch militärisch, oder man muß taub sein.

Diese Nach-Kriegsjahre, ein Gedankenstrich kann manchmal erstaunlich viel Klarheit schaffen.

In die Deutsche Bücherei ging ich gerne am Abend, die nannten wir lässig-vertraulich »D. B.«, Uni-Jargon. Im Großen Lesesaal saß man als in der Wissenschaft Angenommener und Eingeweihter, ein Kommilitone sozusagen. Bücher, Bücher, Bücher, ringsum Bücher in hohen, dunklen Regalen; so ein kaum überschaubarer Saal, und überall Bücherwände, eine Empore in halber Höhe und wieder Bücherreihen, so hoch man reichen konnte. Ein Fries plastischer Wappen in Braun und Gold hoch unter der Decke! Das war schön und gut, das machte stolz, so frei sich bewegen zu dürfen in diesem Reich, in diesem Festsaal der Bildung; alle diese Bücher konnte man lesen, ohne einen Menschen fragen zu müssen und kostenlos, man holte sie sich einfach auf seinen Leseplatz.

Und die arbeitsame Stille in allen Lesesälen, hier durfte man einen Freund nicht herzlich begrüßen, so wie man nicht lachen durfte, wenn man auf etwas Amüsantes gestoßen war beim Lesen; nur konzentrierte Stille von Aneignung von Bildung füllte diese Räume; fiel einem mal ein Buch herunter, da sahen viele mißbilligend auf. Zwei grüne Flächen der Leselämpchen im gedämpft erleuchteten Raume, und die Fläche der gebeugten Köpfe vor den Lämpchen, alle lesend, alle Gelesenes notierend. Über allem zu allen Stunden der Teppich dieser lautlosen Geräusche: Das Mäuserascheln des geblätterten Papiers, mal ein unterdrücktes Husten, vorsichtiges Stuhlrücken, eine geflüsterte Auskunft, sanftes Knarren einer Treppenstufe zur Empore, das monotone Summen der Heizung, ab und zu das Gegeneinanderwippen der Flügeltüren: wohltuende Lesesaal-Stille.

An der Stirnwand ein Bild Arkadiens, ein Garten Eden, wie die Reste der Fresken im Universitätsgebäude. Eine antike Menschengemeinschaft, schöne Frauen, junge Frauen und nackte ideale Jünglinge an einer Quelle in antiker Harmonie; eben jene goldene Epoche, als man noch nicht auf Arbeit gehen mußte, oder silberne, gar auf Nachtschicht etwa. Oder zwischen Bücherstapeln auf Prüfungen hin büffeln bis zu Kopfschmerzen. Wenn man aufsah, da tummelten sich noch alle Menschen in Harmonie, man lernte wandelnd im Freundeskreis unter der Sonne Homers. Und so wird es ja wohl auch gewesen sein im alten Griechenland, sonst hätten es die Maler uns nicht so gemalt, die Klinger und Preller; eben Schönheit und Weisheit in Muße. Da waren gewiß auch die Versammlungen reine Harmonie gewesen, ein Geben und Nehmen in Güte bei Rede und Gegenrede. Nicht wie bei uns.

Eines Winterabends ging ich zu einem der wenigen freien Plätze, richtete mein Lämpchen, ordnete meine

Bücher, da bemerke ich, daß ich neben Ernst Bloch sitze. Er sah auf von seinen Notizen, musterte mich eine Weile mit seinen klugen, tiefliegenden, hinter zentimeterdicken Brillengläsern verschanzten Augen, ohne die Spur einer menschlichen Reaktion, dann ließ er den graubehaarten riesigen Schädel wieder über seine Papiere sinken. Man hätte ihn nichts fragen können, es gab da gar nichts Verbindendes; als hätte dieser Mensch schon an die zweihundert Jahre gelebt.

Jene Jahre werden für Spätere eine schwer durchschaubare Zeit sein, in Einzelzügen nahzu unbegreiflich. Jedes zweite Wort lautete »wissenschaftlich« und »gesetzmäßig«, dabei war das Denken ganz chiliastisch schweifend geprägt. Denn ob wir derzeit erst hinter der zweiten Vorschwelle zur ersten Hauptstufe des vollentwickelten Sozialismus lagerten oder bereits im Aufbruch begriffen waren zum Vorhof einer Frühstufe des Kommunismus, das war noch nicht präzise auszumachen, da wechselten die Vorstellungen von Zeit zu Zeit. Dieses naive Bildhafte von Beschlossenem und Erträumtem.

Jede Epoche des Aufbruchs steht ja in der Gefahr, ihre Scholastik zu entwickeln, wenn der Konnex zwischen Realität und überstrapazierter gesellschaftlicher Zuversicht sich zeitweilig überdehnt; und Hohe Schulen sind dann der ideale Nährboden für Derartiges. – Nur eines war ganz klar: Es wird in den siebziger Jahren unseres Jahrhunderts ein hohes Maß an Phantasie nötig sein, sich auszumalen, was unseren Menschen noch übrigbleiben könnte an Wünschenswertem. Von den achtziger Jahren gar nicht zu reden.

Einer Professorin der Philologie sei hier gedacht, einer kleine, zarten, in meiner Erinnerung überaus liebenswürdigen Frau, ihr Name war Karg-Gasterstädt. Von allen ihren Seminarstunden ist mir nur jene Summe geblieben, die einem bleibt von einem Lehrer; wie wir ihrer menschenfreundlichen, erklärenden Stimme gelauscht haben.

Was sollte mir auch geblieben sein von all den abstrakten Sprachgesetzen, das war Linguistik, wozu sollten sie einem nützen, außer der Plicht, einem gute Noten zu verschaffen bei Prüfungen, ich wurde doch kein Lehrer. Man mußte gerechtfertig sein, daß man studieren durfte und zudem noch ein Stipendium bekam. Was waren denn für einen Studenten, wie ich einer war, diese »Ablaut-Reihen«: biute / bieten / bôt / büte / buten / geboten. Sie sind mir geblieben wie die Abzählreime der Kinderzeit. stîge / stîgen / steic / stige / stigen / gestigen. Das waren irgendwelche Klassen ablautender Verba. Eben Germanistikstudium.

Frau Dr. Karg-Gasterstädt muß auch Vorlesungen übers Luther-Deutsch gehalten haben, da ist mir einiges dumpf erinnerlich; mit dem freien Zitieren von Passagen der Luthertexte ist mir auch ihre leise, aber eindringliche Stimme verbunden; und wie sie da vorn neben dem Pult stand, bemüht, in dem großen, ewig düsteren, wohl etwas verbauten Raume alle ihre Studenten im Auge zu behalten.

»Wer ein Hölzchen zu spitz macht, macht es stumpf.« Das war eine Beispiel-Redensart, die sie vortrug, daran handelte sie nun Syntaktisches ab oder Semantisches. Nur diese Redensart aus der Lutherzeit ist mir geblieben. »Wer ein Hölzchen zu spitz macht, macht es stumpf.« Sollte ich einmal ein Motto brauchen, um es vor jene Jahre zu setzen, das wäre eins, ein poetisches Motto und ein treffliches, und ein leises wie die Stimme unserer Professorin Frau Dr. Karg-Gasterstädt.

Diese Frau war ein Mensch von Güte, eine gelehrte Frau von großer Schlichtheit; Menschenfreundlichkeit kam von ihr und eine wohltuende Ruhe; das alles haben wir damals eben so hingenommen. Sie hat wohl dem Professor Frings gedient, wie andere Dozentinnen, wie Frau Dr. Linke, wie Frau Dr. Schieb.

Das Grab dieser unserer Lehrerin kann man auf dem Südfriedhof finden, unweit der repräsentativen Grabplatte mit dem Namen Frings. Nur ein kleines schwarzes Steinkreuz im Rasen. »Prof. Dr. Elisabeth Karg-Gasterstädt 188 –1964 I. Kor. 15/42.« Eine Ziffer des Geburtsjahres ist abgefallen. Die Zeit.

Nahebei in dieser Universitäts-Rabatte liegt ein schmales, eingesunkenes Grab, wohl eine Umbettung. Da hat auch einmal ein Stein gestanden oder ein Kreuz. Auf diesem verwahrlosten Flecken blühen noch Schneeglöckchen im Frühjahr; und von Zeit zu Zeit liegt da ein kleines Grabgebinde. Zu Allerseelen steht da eine Kerze zum Gedenken, Jahr für Jahr, halb zerschmolzen ist sie meist, wie der Wind eine solche Kerze im November eben zurichtet.

Dabei steht ein gewaltiger verwitterter Findling zwischen Rhododendronbüschen. »Eduard Sievers 1850 bis 1932«, die Jahreszahlen nahezu ausgewittert im Stein. Sievers war ein bedeutender Germanist, der Stolz der Alma mater Lipsiensis, ein uns unbekanntes Stück Kulisse der Bühne, die wir später so naiv betreten haben.

Hans Dahlke habe ich zum letzten Mal zufällig getroffen, am Schaufenster des Antiquariats in der Grimmaischen Straße, wir haben gleich gelacht; er liebte es, einen mit einem doppelbödigen Scherz qualifizierter Art zu überraschen. Er war Ordinarius der Germanistik geworden, ich hatte das nicht gewußt, und er hatte es niemals erwähnt. Wir freuten uns über jede Begegnung in der Deutschen Bücherei oder in der Innenstadt. Befreundet aber waren wir nur sehr lose; bei Unterhaltungen waren seine Gesprächsanteile immer wie innerlich gebremst, keine unbedachten Äußerungen; und doch drängte es ihn in der Seele, das Gespräch zu suchen. Menschen seines Zuschnitts wußten freilich nur zu genau, welche Folgen eine einzige unbedachte Äußerung haben kann. Wissenschaftliche Karrieren werden von der Macht an kurzer Leine geführt, aus Sicherheitsgründen. Bei Menschen seiner Qualität muß die absolute Disziplin verinnerlicht sein. Immer wich er in Belangloses aus, in Heiteres.

Ich vermochte ihn mir gar nicht vorzustellen als ranghöchsten Professor seines Faches an der Karl-Marx-Universität. Dahlke war ein jungenhafter Typ, auch mit fünfzig Jahren, nur um seinen Mund war feine Bitterkeit und um die Augen, schwer zu benennen, erste Zeichen des Alterns, bei vorzüglicher Haltung. Dabei hatte er doch alles erreicht.

Unsere merkwürdig lockere Freundschaft datierte wohl von jenem Tage an, als er mich um den geheimnis-umwitterten Briefwechsel Kurt Tucholskys mit Arnold Zweig bat, den hatte der mir geschickt für meine Staatsexamensarbeit. Tucholskys letzter Brief war nur gekürzt bekannt geworden, wegen einiger Bemerkungen über Stalin; was war nicht alles geheimnisumwittert in jenen Jahren und halb illegal!

Bei unserem amüsierten Gespräch erzählte er in Andeutungen von einer bevorstehenden Berufung nach Prag, und er wußte, was ihn erwartete; der letzte Lehrstuhlinhaber war Goldstücker gewesen, danach unbesetzt. Nun verlangte man einen namenhaften Professor. Das also war das um die Augen, das schwer Benennbare.

Wenn ich mich recht erinnere, war er als Dozent in Kairo gewesen, zweimal längere Zeit in Bagdad. Es waren aber nun die Lebensjahre gekommen, wo alles Erfahrene und Erforschte in konzentrierter wissenschaftlicher Arbeit im Werk zusammengezogen werden mußte, sein Beitrag zur Wissenschaft der deutschen Literatur. Dazu bedarf der Mensch der Ruhe.

Als ich zum Alten Rathaus ging, haben wir uns sehr präzise verabschiedet: Nach dem Krieg um fünf im »Kelch«! Dort wollten wir uns mit dem Sappeur Vodička zusammensetzen. Wochen später erfuhr ich von seinem Tod. Gehirnblutung; über Kopfschmerzen hatte er zunehmend geklagt.

Armer Hans Dahlke, hätte dir eine wahrsagende Alte in Bagdads Gassen aus der Hand gelesen, aus deiner knabenhaften Gelehrtenhand, oder im Goldenen Gäßchen am Hradschin, wieviel Zeit dir noch zugemessen ist auf Erden, du wärst wohl weniger bedenklich gewesen in unseren unschlüssig-herzlichen Gesprächen. Feine Zeichen waren in dein jugendliches, immer lächelndes Antlitz eingezeichnet; man mußte sie nur zu lesen verstehen, eingezeichnet von der Praxis unseres Lebens. – Was wissen wir von unseren Toten, was wissen wir von unseren Toden.

Die Frühsommerwochen des Jahres 1957 vergingen schnell in den Erregungen schriftlicher und mündlicher Prüfungen; in unserer Erwartung malten wir uns eine große Ehrung aus, eine feierliche Verabschiedung ins Leben, einen Festakt im Kino »Capitol« oder in einem der Festsäle im Zoo. Es war doch der Abschluß eines wichtigen Lebensabschnittes; sieben Jahre hatte ich an der Karl-Marx-Universität studiert, wenn sie auch erst im vierten Jahre diesen Namen verliehen bekommen hatte. Und mit gutem Erfolg.

Trafen wir Absolventen uns, fragte einer den anderen nach dem Termin unseres großen Tages, es gab da Gerüchte. Wir gaben Bibliothekslaufzettel ab, erhielten unser letztes Stipendium. – Einer nach dem anderen holte sich im Dekanat in der Ritterstraße seinen DIN-A4-Bogen ab, darauf wurde einem bescheinigt, daß man das Fach »Deutsch« studiert hatte, eine Art gehobene Arbeitsbescheinigung. Professor Dr. Dornseiff hatte es unterschrieben, i.V.

Auf eine schwer beschreibbare Weise ratlos und enttäuscht erwarteten wir noch einige Wochen lang die Einladung zu jenem ehrenden, festlichen Abschluß-Ereignis, bis sachte aus der bitteren Ahnung Gewißheit geworden war. Erziehung der Gefühle.

Inzwischen war ein jeder schon seinen Weg ins Leben gegangen; ein Leiter hatte ihm lächelnd oder pathetisch erklärt, er sei nun aus den lichten Höhen der Theorie in der Praxis angekommen.

Sieht man der Wahrheit einmal ruhig ins Auge, so hat der kalte Krieg unsere Generation ebenso ruiniert und dezimiert, wie der Krieg die vorherige Generation dezimiert und ruiniert hat; jeder Krieg zerstört die Menschen auf seine Art und Weise. Mitten unter uns sind sie zu besichtigen, die dostojewskischen Schicksale und Tode, man muß nur unbefangen hinsehen.

In jenen Jahren wurde unsere Generation geformt, in jenen Jahren wurden die Charaktere aufgebaut, wurden die Charaktere verformt, auch zerbrochen; sagen wir eben, damals wurde sie geformt, unsere Generation.

Die Starrheit des Systems der allmächtigen Kaderpolitik, sie konnte vermutlich von den Kader-Lenkern gar nicht begriffen werden; sie projizierten ihre Denkungsart auf uns mehr oder weniger ahnunglos. Bewegten wir uns nicht in ihren wohlgemeinten Bahnen, wurden wir als Unbrauchbare ausgeschieden. Sie wollten nur Gutes. Zehntausende von charaktervollen Talenten und gutwilligen sind auf diese Art und Weise ruiniert worden, Zehntausende von cleveren Filous haben so Karriere gemacht, um es schematisch, also deutlich, zu formulieren; Menschenleben sind ja immer Legierungen von Mischformen. Und Kader-Lenker haben sich mit Recht gefragt: Wer lenkt denn hier wen? Sollen wir uns nach denen richten, die nicht in unser wohlwollendes Schema passen, gar, nicht passen wollen? Eine bedenkenswerte Frage.

Sie kamen ja mit ihren Methoden der Warheit über die Menschen nahe, es war aber nur ihre Wahrheit. Damit sind wir an den Wurzeln menschlicher Tragödien, an den Wurzeln sehr vieler menschlicher Tragödien.

Hörsaal 40 gibt es nur noch in unseren Erinnerungen, und diese Erinnerungen zerfallen mit uns, wie so vieles mit unseren Erinnerungen zerfallen wird, wie sie mit einer jeden Generation zerfallen sind, unerinnerbar. Da, wo heute ein kleiner Wald hoher stählerner Fahnenmasten steht an der Grimmaischen Straße, da hat bis zu den Bombennächten der italienische Palast des »Café Felsche« gestanden, das renommierte Kaffeehaus des Leipziger Bürgertums, die feinsten Kapellen und rote Läufer in allen Etagen und Teppiche; vorher war da mal ein Stück Botanischer Garten der

Universität. Vor dem Dreißigjährigen Krieg war das ein Friedhof gewesen. Wechselnde Kulissen.

Wo mag unser Leibnizdenkmal gestanden haben, das mit den Robinien oder Akazien: im Souterrain der Mensa oder im neuerstandenen Universitätshof, diesem riesigen Atrium?

Das Denkmal hat sich erhalten, erstaunlicherweise; vor einer waschblauen geriffelten Schmuckwand steht der weltberühmte Universalgelehrte in seiner barocken Prunkkleidung, blickt über sein Buch hinweg, diesen Folianten, wie er vor einem Menschenalter über uns hinweggeblickt hat. Die Halbreliefs der erzenen Medaillons der vier Fakultäten wirken heute ein wenig antiquiert. Die Göttinnen der Medizien, der Jurisprudenz, der Philosophie und der Theologie. Blind ist der Spiegel der Philosophia, der Göttin der Lehre der Weltweisheit, fein vernarbt von den Jahrzehnten und der Industrieluft. Der Medizin kriecht eine Schlange aus dem Schälchen.

Hinter der imposanten, in Erz gegossenen Gestalt mit der Allongeperücke ragt der metallverkleidete Uni-Turm gigantisch empor, gewiß das höchste Bauwerk der Stadt, und wohl vor allem sich selber darstellend. Ich vermag nicht zu beurteilen, ob es den Forschern oder der Forschung von Nutzen ist, wenn sie mit Fahrstühlen unter den Himmel fahren müssen, eines Gespräches oder eines Buches wegen. Imposant aber sieht es schon aus, denn neben dem Wolkenkratzer hat man eine kleine Pyramide steinerner Kanonenkugeln aus dem Dreißigjährigen Krieg aufgebaut, Porphyr oder schwedischer Granit. Das waren noch Kriege.

Professor Christian Thomasius, ein leidenschaftlicher Gegner der Scholastik, der Orthodoxie und des Hexenglaubens, schlug als erster Gelehrter am Schwarzen Brett einer deutschen Universität Vorlesungen in deutscher Sprache an; ein bis dahin unerhörter Vorgang. Das geschah hier in einem Paulinerkloster-Gebäude, im Oktober des Jahres 1687. 1806, nach der Schlacht bei Jena und Auerstedt, hat sich die Leipziger Professorenschaft unter den Stern Napoleons gestellt, tragikomisch übereifrig. In einer Senatssitzung wurde beschlossen, die Sterne an Gürtel und Schwert des Orion »stellae Napoleonis« zu taufen; alle Akademien waren angehalten, sich dieser himmlischen Weihe anzuschließen. Als das Diplom zu dieser stellaren Promotion feierlich überreicht werden sollte, winkte Napoleon ab, obgleich gerade er den Sinn für Ergebenheit und Huldigung seitens Besiegter in überreichem Maße besaß.

Jede Epoche ist sich selber ein Rätsel, das erst die kommende Epoche löst, möglicherweise sind wir eben dabei, unser Rätsel zu lösen. Und die Sperlinge flattern am Denkmal des Gottfried Wilhelm Leibniz, als sei da inzwischen keine Zeit vergangen.

Ein Gedenken

Gedenken an einen Freund, gestorben ein Jahr vor der »Wende«, gestorben in der resignierenden Gewißheit: Hier ändert sich niemals etwas mehr, jedenfalls nicht so lange wir leben, man muß sich fügen, einfügen. Er nahm alles hin auf seinem Wege, was wollte er machen, allezeit dankbar, dem Kriege und der Gefangenschaft mit dem Leben entkommen zu sein.

Als Siebzehnjähriger hatte dieser begabte hallische Junge noch in den Krieg gemußt, eine französische Gefangenschaft nahm ihm danach noch zwei, drei seiner besten Jahre, danach machte er sich auf den langen und schweren späten Bildungsweg, übers Abitur einer Arbeiter-und-Bauern-Fakultät, studierte Germanistik und Romanistik, wurde in der DDR der Spezialist für Adelbert von Chamisso, den Weltreisenden und Dichter des Mannes ohne Schatten, Schlemihl. In den achtziger Jahren bekam mein Freund Einladungen nach Frankreich, seine Dissertation und seine Chamisso-Ausgaben hatten ihn bekannt gemacht und geachtet.

Als ich ihn einmal in Berlin besuchte, da saß er an seinem Arbeitsplatz wie seelisch gelähmt; ratlos lächelnd gab er mir ein Vortragsmanuskript, das hatte er lesen wollen an diesem Tag, in Paris oder wo immer das Symposium zu Ehren seines Dichters stattfand, stattfand ohne ihn samt einer Fahrt nach Boncourt in der Champagne, dem einstigen Stammschloß derer von Chamisso. Viele Wochen vor dem Termin hatte er Manuskript und Einladung seinen Oberen eingereicht mit der Bitte, dieser ehrenvollen Einladung Folge leisten zu dürfen. Und sich erklärt, wie existentiell wichtig diese Reise für seine wissenschaftliche Arbeit sei. Alle seine Vorsprachen bei den Westreisen gewährenden Genossen erbrachten aber stets nur den Bescheid, noch sei nichts entschieden, immer wieder nachfragen. So vergingen Wochen mit diesem Katz-und-

Maus-Spiel, bei dem es sich vermutlich um eine Erziehung zum Staatsinsassen handelte, der Wissenschaftler hatte zu lernen und zu verinnerlichen, wie die Organe der Partei eine uneinsehbare allmächtige Macht seien, nach Willkür Gewährung oder Verbot austeilend. Am Vortag der Reise hatte er dann erfahren – als es ohnehin zu spät war –, eine Reisegenehmigung könne nicht erteilt werden. Durch eine fehlerhafte Bemerkung erfuhr er zudem, daß dieser Bescheid seit Wochen im Schreibtisch seines Genossen Vorgesetzten lag. Auf seine höfliche Anfrage, ob dieses bedeute, er als parteiloser Wissenschaftler der Akademie dürfe niemals eine Einladung ins Nichtsozialistische Ausland annehmen, wurde ihm der Bescheid, dieses bedeute es nicht; er dürfe im nächsten Jahr eine Einladung wiederum vorlegen, man werde wiederum entscheiden.

Als ich ihn lachend fragte, ob er jetzt wenigstens sein Herz waschen werde durch einen sarkastisch-ironischen Brief an das einladende Gremium, da erschrak er förmlich, solches bedeute das unwiderrufliche Ende der Chance, doch irgendwann einmal reisen zu dürfen. Sie erfahren alles. Er hatte ein Telegramm abgeschickt des Inhalts: Er sei leider verhindert, die Einladung wahrzunehmen. Die Empfänger wüßten sich das schon zu entschlüsseln als Reiseverbots-Willkür. Ja so war es, damals war mein Freund ein Mann Ende der Fünfziger, der DDR-Spezialist für Adelbert von Chamisso. Und es war sein Lebenstraum, Frankreich noch einmal zu besuchen, diesmal nicht als namenloser Kriegsgefangener, diesmal als ehrenvoll eingeladener Wissenschaftler, sein Frankreich.

Zwei Jahre später ist er dann doch noch nach Paris gereist, als ein schwer krebskranker Mann. Er ist wiedergekommen, heim in seinen Staat, um im Jahr darauf zu sterben. Mein Freund Dr. Werner Feudel, begraben in Halle an der Saale. Ehre seinem Andenken. Man spricht vom »gewöhnlichen Faschismus«, das meint den alltäglichen, den alle Tage zu lebenden. Die eben erzählte kleine Episode um eine Reise berichtet von einem Opfer ohne Täter, ja ohne Tat, sie erzählt vom Sozialismus, dem real existierenden, dem gewöhnlichen.

Unser gewesenes Leben, der böse schwarze Humor des Alltags unseres gewesenen Lebens.

Der namenlose Namengeber oder drei, vier bunte Fäden aus dem Teppich »Bitterfelder Weg«, Knüpfseite

Ende der fünfziger Jahre unseres bewegten Jahrhunderts lebte in Halle an der Saale ein Mann namens Heinz Fleischhauer. Wo immer seine Wiege gestanden haben mag, als jungen Soldaten hatte es ihn zur Marine verschlagen, und sein Grab könnte leicht auch an der Ostsee zu finden sein, denn soviel ich mich erinnere, war er in späteren Jahren Mitarbeiter eines namhaften Verlages in Rostock. Als wir uns kennenlernten, im Jahre 1957, war er Werbeleiter des Mitteldeutschen Verlages, wohin es auch mich verschlagen hatte für anderthalb Jahre nach dem Studium. Wer mag sich wohl noch erinnern an diesen arbeitsamen Hansdampf in allen Gassen? Kaum einer dürfte ahnen, wie der Namenlose recht namhaft mitgewirkt hat am Teppich der Epoche; freilich muß man den Teppich von der bunten Knüpfseite her besehen. Zwei amüsante Fäden will ich vorerst hier erinnern, Erinnerungen, die leicht mit mir erlöschen könnten. Und wie doch der ganze unübersehbare Teppich der Zeit aus solchen Fäden besteht, unerinnert.

Als erstes wollen wir uns besehen, wie unser Mann einem weitverbreiteten Buche – wohl dem eigentlichen Bestseller der DDR – zu seinem berühmten Titel verholfen hat. Bruno Apitz war der sozusagen weltberühmte antifaschistische DDR-Autor, sein später in vielen Hunderttausenden Exemplaren verbreiteter Buchenwald-Roman hieß »Steh gerade oder brich!«, ein nicht eben ansprechender pädagogischer Titel, und eben darum heißt das Buch ja auch nicht so, denn als das Manuskript endlich in die Druckerei gehen mußte, suchte man im Lektorat noch immer nach einem zugkräftigen Namen. In letzter Stunde wurde in einer Lektoratssitzung – übrigens bei zwei Flaschen Wodka – alles an Titelvorschlägen notiert, was nur irgend aufkam und brauchbar schien; als Geheimtip der Suche wurden auch alle möglichen Kombinationen durchprobiert. Unter den drei, vier Dutzend Vorschlägen war auch einer vom Werbeleiter: »Nackt unter Wölfen«. Es folgte ein rechtes Gelächter, die zweite Flasche war wohl schon geleert, vor allem das Wort »nackt« blieb im Ohr; Fleischhauer gestand, daß der Titel von seiner Tochter ausgedacht worden war. Die Sekretärin sortierte alles weniger Brauchbare aus, da war der kuriose Titel unter denen der engeren Wahl, am Ende einigte man sich sogar auf ihn. Ein Telegrammwechsel mit dem Autor brachte energischen Protest. All die Jahre jener Konzentrationslager-Zeit habe ihm die Formel vom Überleben durch Aufrechtstehen vorgeschwebt für sein Buch vom Überleben. Als äußerstes Zugeständnis bot er einen Ersatztitel an: »Ein Wall aus Herzen«. Da war das Titelblatt schon im Satz. Mit dem Erfolg schwand übrigens die Abneigung dem Untergeschobenen gegenüber. Bei einer Lesung habe ich den durch ein Buch berühmt gewordenen Autor rufen hören, und mit Emphase, wie ein Gedanke alle Zeit ihn aufrechtgehalten habe: Nackt unter Wölfen!

Eines Dezemberabends, sein Buch brachte ihm Auflage um Auflage, fuhr ich mit Bruno Apitz von Halle nach Leipzig. Er steuerte seinen neuen Moskwitsch, und ich erzählte ihm von der prekären finanziellen Lage der Familie Fleischhauer, Krankheit und anderes Existentielles, und was eine Geldzuwendung als Dank für den Erfolgstitel bedeuten würde. Apitz sah auf die Straße im Scheinwerferlicht, lächelte und schwieg. Ein Mensch mit einem Schicksal. Er durfte wohl nicht anerkennend-dankbar sein, zu viele Menschen hatten bei seinem Buch geholfen. Des ratlosen Autors mit seinem halbfertigen Manuskript hatte sich der Verlagslektor Martin Gregor-Dellin angenommen, mit rührendem Engagement. Als er den Staat verließ, arbeitete der Lektor Werner Feudel am Manuskript, eine stilistische Überarbeitung der vielen Sentimentalismen wegen. Viele hatten mitgeholfen. Zu viele Hilfe war in Anspruch genommen worden, da mußte betont und überbetont werden, daß dieses Buch sein Buch ist, allein sein Buch, die Helfenden bekamen den Vorwurf des Eingriffs in sein Werk. Ich vermute, einer Instanz hat er gedankt und überschwenglich gedankt – der Partei.

Der zweite Faden betrifft auch eine Namensgebung, zufällig, kurios und folgenreich, denn ohne Heinz Fleischhauer gäbe es all die herben journalistischen Scherze nicht, den »bitteren Feldweg« betreffend der DDR-Nationalliteratur jener Jahre.

Jene erste »Bitterfelder Konferenz« war ursprünglich eine Verlagskonferenz des Mitteldeutschen Verlages, in Berlin war er zum vorbildhaften Verlag sozialistischer Belletristik ausersehen worden. Die Autoren waren schon eingeladen, da platzte die Nachricht in die Vorbereitungen, man habe Großes vor in der Parteiführung, ganz Großes: ein Kulturkongreß, unübersehbar und unüberhörbar, die entscheidende Zäsur in der DDR-Kulturpolitik; eben wie und wo es künftighin langgehe mit der Kunst im Staate. Bald hieß es, Anna Seghers werde kommen und Johannes R. Becher, Kuba, Prof. Kurt Hager, Horst Sindermann und Willi Bredel, eben alle. Am Ende erfuhren alle, Walter Ulbricht kommt, er wird seine grundlegende und entscheidend richtungweisende Rede halten in der Chemiearbeiterstadt Halle. Der Hallische Weg.

In dem kleinen Verlagshause, das zu unerhörter Bedeutung aufsteigen sollte, brach die Aufregung der Überforderung aus. Vor allem war ein solcher Saal nicht zu bekommen zum angesetzten Termin in der Nachkriegsstadt. Fleischhauer aber schaffte Rat, als Mann der Werbung kannte er Hinz und Kunz, und einer seiner guten Bekannten war Kulturhausleiter in Bitterfeld; ihm hatte er mal einen Ball zugeschoben, nun konnte der sich revanchieren. Der Termin war frei, oder er wurde freigemacht. »Kulturpalast des Elektrochemischen Kombinates Bitterfeld« war wohl die offizielle Bezeichnung des rettenden Domizils, Bitterfeld, ein ebenfalls ulbrichtgenehmer Industriestandort; ging es doch um die Verschmelzung von Kunst und Literatur mit dem pulsierenden Leben. Der Kongreß von grundsätzlich richtungweisender Bedeutung wechselte die Stadt. So blieb der »Hallische Weg« ungeboren.

Aus der Taufe gehoben als medienträchtige Staatsaktion wurde der »Bitterfelder Weg«. Keiner ahnte etwas vom ahnungslosen Weichensteller, und der war nicht der Mann, daraus Anekdoten zu machen für sich und seinen Kumpel. Zudem ahnten beide noch nicht, welche Schreckminute sie bald durchzustehen haben würden infolge intellektueller Überforderung. Denn wenn auch alles ins Überregionale gehoben wurde, und auf Politbüro-Ebene arrangiert und finanziert in Berlin, der höchste und mächtigste Gast mußte auf der Freitreppe vom Hausherrn Kulturpalastleiter begrüßt werden, so verlangte es das Protokoll. Kurze herzlich-parteiliche Worte waren zu erlernen, eigene waren gewiß nicht gestattet, alles hin auf den größten Moment eines Kulturpalastleiter-Lebens. Da hieß es üben und üben, auch wenige Sätze müssen sitzen.

Die große Stunde kam, die Mitarbeiter des Verlages standen malerisch verteilt auf der Freitreppe, der Werbeleiter neben seinem Freund, dem er zu solch historischem Auftritt verholfen hatte. Die schwarzen Limousinen fuhren vor, einer entstieg der Generalsekretär und Herr des Landes, bemerkenswert aufrecht und zugleich sportlich eilte er die vielen Stufen herauf; vom Protokoll wurde der Begrüßende ihm in den Weg geschickt, man sah sich an, dann rief der Freudigerregte in seinen hohen Gast und in alle Mikrofone: »Teurer Genosse Chruschtschow!«

Zu Weiterem kam es nicht. Ulbricht schob den freudigerregten Genossen aus dem Weg und schritt in das Haus. Fleischhauers Freund aber vermochte nicht zu begreifen, was die Begrüßung unterbrochen hatte. Hatte er etwas falsch gemacht, was war geschehen? Durchs hundertmalige Üben war er dem parteilichen Manne wohl die Grammophonnadel auf der Grammophonplatte seines Übens ahnungsloserweise in eine noch höhere Rille gesprungen in der entscheidenden Sekunde. Sowjetunionverehrungspech, um das Wort Künstlerpech abzuwandeln. Aber soviel damals zu erfahren war, wurde die mißglückte Begrüßung nicht geahndet: noch parteilicher als gefordert, eine läßliche Sünde. ...

Drei Zettel

Beim Blättern in alten Mappen mit Skizzen und Notizen zu literarischen Plänen, Erinnerungs-Prosa vor allem, fanden sich diese drei Seiten. Das hat gelegen seit vielen Jahren, die Rostspuren der Büroklammer, die sie zusammenhielt, erzählten, wie lange diese Mappen schon liegen. Und nun erst weiß ich, daß diese Erzählungen nicht mehr geschrieben werden, umständehalber; ich schreibe sie nicht mehr, nicht mehr in diesem Leben.

Geschrieben aber wird alles über eine Epoche, wir sind ja viele Schreiber. Eines Tages, eines schönen Tages wird alles über unsere Zeit geschrieben worden sein, eine Epoche, die rücksichtslos umsprang mit den Menschen, und die sich bemühte, darüber zu bestimmen, was von ihrem Umspringen mit den Menschen auf die Nachwelt kommt, überaus energisch. Nur keine Sorge: Alles, oder sagen wir nahezu alles, unsere Zeit ist nur eine unter all den anderen Zeiten; aber es war auch die Zeit, die uns gegeben war auf Erden, wie großzügig ist damit umgesprungen worden; was geht nicht alles zugrunde mit unserer Generation. Irgendwann muß ja wohl den Tatsachen einmal ins Auge gesehen werden, den lange und mit Sorgfalt verdrängten Tatsachen. Die weiße Liste beginnt sich zu schwärzen mit den Namen der Toten. Aber: spiro, spero!

Was ich erzählen werde, handelt von einem Achatblock, vom Zerschlagen eines Blockes Korallenachat, danach von einer uralten Tanne, die Unwettern standhielt, zum Schluß noch eine Fabel, eine kleine antike Fabel, wohl eine der feinsten Geschichten, die von Menschen ersonnen wurden. So erhält sich ein weniges wenigstens in dieser Form, bleibt mehr als der rohe Stoff der Erinnerung. Nun müssen wir eben sehen, wie sich das zusammenfügt für den Leser oder Zuhörer.

Der erste Zettel erzählt aus jenen frühen sechziger Jahren, als man in unserem Lande noch recht unbekümmert auf Edelsteinsuche gehen konnte, auf Halbedelsteinsuche, das mühsame Seifen auf Zirkone an der Schleuse in Hintermsdorf wollen wir nicht rechnen; da leuchteten im Sieb glutrote winzige Hyazinthkristalle. Also Achate vor allem, Achat und Amethyst; Eingeweihte werden sich noch erinnern des Ackers an der Nickelhütte in St. Egidien. Freilich mußte man nach dem Finden auch noch einen finden, der einem den Fund aufsägte; an den Porphyrkugeln waren nur so feine rotbraungeäderte Fäden sichtbar, angeschlagener Achatgrat.

Der Rote Felsen von Schlottwitz, die Steine im Flußbett der Müglitz, die Amethystbänder im anstehenden Fels in den Wäldern, meist war es ein blasser, brüchiger Amethyst. Erinnerungen an die Abenteuer des Fossiliensammelns der Studentenzeit! Wer einmal einen halben Tag an einer aufgelassenen Kupferschieferhalde geduldig und beharrlich Platte für Platte aufgeschlagen hat, da leuchtet ein Fisch vor den ermüdeten Augen, die beiden kohlig-glänzenden Abdrücke eines Fisches, den hat es da eingebettet vor Millionen Jahren, nun ist er ans Licht geholt worden. Ja, die Mineraliensammler und die Fossiliensammler, da lacht ihr Herz: Ein Fund!

Unsere Geschichte aber spielt in einem abgelegenen Tal an der Freiberger Mulde, vor den Toren Freibergs, an einem Apriltag mit Schneeluft. Der Korallenachat-Stollen von Halsbach, das ist ein Aufschluß aus Augusts des Starken Zeiten; zu jener Zeit war hoher Bedarf an edlen Steinen bei Hofe. Damals wurde auch bei Maxen noch Marmor gebrochen, italienischer Marmor war teuer, vor allem der Transport. Der Achatstollen ist später zugesprengt worden, man konnte nur wenige Meter hineingehen in den Fels; aber auf den Wiesen ringsum, auf den Feldern, da bringt das Frühjahr schöne Steine aus dem Erdreich. Ich fand aber an dem Tage nur einige blaßfarbene Stücke, die Zeichnungen gelbrot und matt; man hätte müssen schon im März kommen.

Als ich mir aber den Block besah, auf den ich mich gesetzt hatte, um zu vespern, da bemerkte ich feine Achataderung an dem Stein. Ein glatter gelbrindiger Quarzklotz, wie ein Schwein geformt, wie der Rücken eines kleinen Schweines; mit meinem Hammer hätte man eine Kante abschlagen können, aber der Stein hatte keine Kanten und Ecken. Den hatte die Erde wohl in vielen Wintern hervorgebracht. Mit einem Schmiedehammer wäre er zu zerlegen gewesen, ich hatte aber nur einen Werkzeugkastenhammer und einen Meißel im Kofferraum, der nützte mir hier wenig. Die Ahnung aber, die freudige Ahnung, was für prachtvolle Korallenachatmarmorierung da im Inneren stecken kann, ließ mich eine Viertelstunde lang auf den Block einschlagen. So ein Block zerfällt nicht von zehn oder zwanzig Schlägen, da heißt es schon hundert Mal zuschlagen, irgendwann mußte doch eine Seite abbrechen. Entnervend ist eben nur, wenn der Hammer auch beim dreihundertsten Male zurückspringt in immer gleichem hellem Klang. Das gibt so eine stille Wut der Hilflosigkeit, eine schweißtreibende; da tat sich nichts, wie man so sagt, auch nach weiteren fünfzig Schlägen mit aller Kraft tat sich nichts. Irgendwann erlahmten dann die Arme, Hoffnungslosigkeit lähmt, ich konnte nicht mehr, war am Ende mit Kunst und Kräften. Ich saß wieder auf meinem Stein, die Luft wurde mit der sinkenden Sonne kälter und rauher. Man hatte etwas erzwingen wollen, weil es doch einen Weg geben mußte durch Beharrlichkeit, wenn auch die Mittel unzulänglich waren. Es heißt, man erreicht irgendwann, was man unbedingt erreichen will.

Also heroischer Abbruch, war ja niemand dabeigewesen. Es gab auf diesen abgelegenen Feldern keine Augenzeugen der lang sich hinziehenden Blamage; die Umstände waren eben allzu unzulänglich gewesen. Nochmal zehn, zwanzig, dreißig Schläge mit aller Kraft.

Als der gröbste Lehm von den Schuhen gestochert war, das Werkzeug im Kofferraum verstaut, da ließ mich irgend etwas zögern. Vermutlich war ein veränderter Klang der Schläge in Erinnerung geblieben, das war mir in Schwäche und Schweißwut gar nicht ins Bewußtsein gedrungen. Ich besah mir noch einmal den Quarzblock: ein Netz haardünner heller Aderung überzog den Stein, ein kräftiger Schlag, es klang nicht mehr so gläsern hell. Also doch, es war also doch alles nur eine Frage der Beharrlichkeit. Nach zehn, fünfzehn Schlägen fiel ein Drittel des Blockes ab und zerfiel gleich in zwei Teile. Da lagen die Korallenachatflächen, feucht und farbenfrisch die blutrote Aderung in ihren Perlenschnüren, die Achatgangkante gleicht einer roten Borte, Farben, wie sie dann unterm Schliff in aller Schönheit hervortreten, und bleibend. Korallenachat.

Etliche Stücke habe ich damals verschenkt. Ein schöner Stein macht immer Freude bei Freunden schöner Dinge. Achat ist nur Quarz, wie jeder Kieselstein am Wege, aber Quarz aus Tausendundeiner Nacht! Ein großes schaliges Stück liegt noch heute am Klubtisch im Arbeitszimmer. Das habe ich unter den Füßen, wenn es nötig ist, mich daran zu erinnern, wie wieder einmal etwas nur zu erreichen sein wird.

Der andere Zettel enthält zu unserem Thema nur die Notiz: »Unterspülte Tanne im Hungertal«. Später habe ich mal ein spanisches Sprichwort an den Rand geschrieben: »Die besten Damaszenerklingen werden aus zerbrochenen alten Hufeisen geschmiedet.«

Die Geschichte spielt im Thüringischen und handelt von einem Naturdenkmal: einer riesigen Tanne in einem Wiesental unterhalb Gehlbergs. Kurioserweise spielen auch in diese Urlaubstage edle Steine herein. Oberhalb des Bahnhofes Gehlberg, am Felsenschlag, waren die seltensten Steine aus der Erde zu wühlen, ein Abenteuer für die Kinder. Bergkristall, darunter dunkle, sogenannte Rauchtopase, auch tiefblauer Amethyst, ganz ungewöhnlich gefärbte Achate, eine Palette Bernsteintönungen mit weißen Querlagen, wie man sie nur in südamerikanischen Achaten findet. Eine höchst eigenartig-mineralische Lava muß hier am Schneekopf dermaleinst ausgebrochen sein.

Erzählt aber soll ja werden von einem Baum. Vom Felsenschlag steigt man den Schneetiegel hinunter zu den Talwiesen mit den Hungertal-Teichen. Dort fließt die zahme Gera noch als Wiesenbach. Ein Hochsommerunwetter hatte uns überrascht. Vor den peitschenden Regenstürzen in immer bedrohlicher werdender Dunkelheit hatten wir uns unter die Tanne geflüchtet, ein himmelhohes, sperriges Zelt aus weitausladenden Schleppzweigen. Am bedrohlichsten waren jene Augenblicke, da Lichtesgrelle und Donnerschläge in eins zusammenfielen. Buchen soll man suchen, vor Eichen soll man weichen. Weiden sollst du meiden. Alter Tannen hat sich die Reimerei der Volksweisheit nicht angenommen; suchen oder meiden, uns jedenfalls hat es an jenem Hochsommertage nicht erschlagen.

Dann peitschte der Hagel in träge ziehenden gelben Schwaden die Wiesen. Wir standen um den Stamm, trocken und geschützt. Der Sturm warf das Eis in Böen unter die Zweige, auch der Hagel konnte uns nichts anhaben, nur der beängstigend prasselnde Lärm um uns, Unwetter im Gebirge. Es machte dem Talnamen alle Ehre: Finsteres Übeltal, Großes Übeltal. Die zahme Gera aber nahm an ihrem Bachbett die Wiesen mit. Da erinnerten wir uns der Erzählungen des alten Jäckel, des Waldarbeiters. Einstmals – manche meinten vor dem ersten Weltkriege, manche meinen in den zwanziger Jahren – hatte ein schweres Hochwasser die Dämme der Teiche weggerissen, die heutigen flachen Teiche hinterlassend. Der Bach aber hatte sich einen zweiten Lauf gegraben an der Hungertaltanne. Da gurgelte nun die kleine gelbe Flut hart neben dem morschen Geländer am Stamme. Der riesige Baum wurzelte also nur in der Hälfte seines Erdreiches, etwas Beängstigendes.

Jäh wie das Unwetter hereingebrochen war, ebenso jäh rissen die schwarzen Wolken auf. Im schmerzend-grellen Licht der gewaschenen grünen Welt konnten wir uns dieses tiefausgewaschene Bachbett besehen. Mit seinen Wurzeln hielt der Baum ganze Packungen Steine umklammert. Zwei mächtige Stützwurzeln hatte er zurückgebogen ins steinige Erdreich, wie Klammern dort eingesenkt. Er hatte sich gesichert, wie starke Bäume an felsigen Berghängen stehen; ein Felsbrocken war in das Holz eingewachsen. Wie weit mochten die mächtigen Wurzeln zum Walde hin sich ziehen, wie tief hinab, den himmelhochragenden Stamm zu verankern gegen alle Hochwasser, gegen Frühjahrs- und Herbststürme, unter den Lasten des Schnees in den Wintermonaten? Über all die Jahrzehnte hin hatte er sich nicht gebeugt den Naturwidrigkeiten. Sie haben ihn zum stärksten Baum gemacht in diesen Tälern, ein Begriff für alle Leute in der Gegend, ein Naturdenkmal. Im klaren Wasser der Ränder der Teiche huschten kleine Schwärme grauer Schatten, junge Forellen.

Das war die Notiz: unterspülte Tanne im Hungertal. Auf der Rückseite dieses Bogens befindet sich noch eine Notiz, nur zwei Worte, zwei lateinische Wörter: »spiro, spero«, das heißt: ich atme, ich hoffe, meint aber: Bedenkt eines, solange ich noch atme, solange ist noch alles möglich. Ein unerhörtes Wort.

Der dritte Zettel enthält die Nacherzählung einer Fabel, einer antiken Fabel. Zur Nachtzeit fallen in einer Küche zwei Frösche in eine Kumme mit Rahm, als eine tiefe Majolikaschüssel müssen wir das uns wohl vorstellen, in der abgeschöpfter Rahm gesammelt wird. Alle Versuche der Frösche, herauszukriechen, mißlingen; nun planschen und schwimmen und zappeln sie in der dicken Milch, und irgendwann werden sie ja einmal am Ende sein mit ihren Kräften. Am Morgen wird die Küchenmagd kommen, das Malheur besehen, über die verdorbene Milch schimpfen. Jeder vernünftige Frosch kann ahnen, was dann sein Schicksal sein wird. Und was wäre gewonnen, wenn die Magd nicht käme. Da der eine Frosch überaus vernünftig ist, beschließt er, das stundenlange Gestrampel in Todesangst sich zu ersparen; er hat Verstand genug, eine ausweglose Situation zu durchschauen als ausweglos. Der andere Frosch bedenkt das alles auch und wie aussichtslos die Lage, aber er scheint etwas zu verstehen vom Leben: Er beschließt zu schwimmen, solange die Kräfte reichen und notfalls noch ein Ende darüber hinaus. Am Morgen muß man dann weitersehen. So planscht er nun allein weiter und hofft und schwimmt und schwimmt und hofft. Er hofft auf das, was man eben ein Wunder nennt; und nach einer Stunde oder zwei verspürt er Klümpchen zwischen den Pfoten, die werden zahlreicher und größer. Am Ende sitzt er auf einem Klumpen Butter; er hatte, was er nicht wissen konnte, gebuttert all die Zeit. Von diesem Klumpen ist er dann aus der Kumme gesprungen, lange vor Tag. Und davon.

Damit ist unsere Geschichte am Ende. Da wir aber bei so wenigem alles beachten müssen, muß erwähnt werden, daß noch ein paar kaum entzifferbare Wörter unter dem Namen Kolumbus stehen: »Christopher Kolumbus«. Westindien entstand durch das furchtlose Segeln unerschrockener Männer. Sie glaubten an einen Seeweg nach Indien. Sie verloren ihren Glauben nicht in gefährlichen Tagen und nicht in hoffnungslosen Tagen und Nächten, und das Trinkwasser war brackig geworden. Auch höhnende Ratlosgewordene konnten sie nicht irremachen in ihrer unbewiesenen Zuversicht. Und so stieg die Küstenlinie der rettenden Inseln vor ihren Augen aus dem Meer.

Der Traum von einer besseren Welt

Ein paar unzusammenhängend-zusammenhängende und sehr persönliche Bemerkungen

»Der Menschheit Würde ist in eure Hand gegeben, / Bewahret sie! / Sie sinkt mit euch! Mit euch wird sie sich heben!« Diese Worte an die Künstler, oftmals zitiert in den letzten zweihundert Jahren, wohl wenige Jahrzehnte dürfte es gegeben haben, in denen sie für pathetisch-weltfremder gehalten werden konnten als in unserem Jahrzehnt und belächelnswerter.

»Erst kommt das Fressen, dann kommt die Moral«, hat ein anderer Dichter in einem, dem unseren befremdlich ähnlichen Jahrzehnt, dagegengehalten. Aber wer hungert denn bei uns, am fehlenden »Fressen« scheint es also kaum zu liegen, wenn die Schillerschen Verse wieder einmal so besonders weltfremd sich anhören, falls überhaupt jemand sie anhört.

Erlauben Sie mir, einen Text zu lesen, vor fünfzehn Jahren geschrieben, vielgeliebt und wohl vielgehaßt, als es aber zu Ende ging mit dem Staate immerhin schon druckbar auf dem Boden der Deutschen Demokratischen Republik. »GNADE Wenn die Zeit, die uns gegeben war auf Erden, wenn diese Zeit dermaleinst wird vor die Schranken der Geschichte treten, wie alle sogenannten Epochen vor uns, und glaube nur keine Zeit, sie könne durch Endzeitpanik diesem Vor-die-Schranken-der-Geschichte-Treten entgehen, als die Zeit gemacht wurde, da ist genügend Zeit gemacht worden; wenn unsere hoffnungsträchtige Epoche vor diese Schranken treten und ihr Urteil in Händen halten wird dermaleinst, dann wird dort und nicht an letzter Stelle geschrieben stehen, wie in unserer Zeit mit dem guten Willen der Menschen umgegangen worden ist, mit Offenheit, mit Redlichkeit, mit Ehrlichkeit, mit der Aufrichtigkeit. Wie ist so viele Hunderttausende Male umgegangen worden mit dem guten Willen anständiger Menschen. Dann Gnade.«

Nun, inzwischen ist sie vor die Schranken der Geschichte getreten, und jeder Kommentar erübrigt sich, wie wohl ein jeder spürt. Das muß alles erzählt werden. Zu allen Zeiten lebt unter den Menschen der Traum von einer besseren Welt, ein jeder sieht ja, wie die bestehende beschaffen ist, und alle paar Jahrzehnte wird energisch gerufen: Wollt ihr mitbauen an einer neuen, gerechteren Welt? Und dann laufen sie zusammen, die ahnungslosen Anständigen und selbstlos. Wenn sie dann bemerken, was da gebaut wird, und werden mißtrauisch, dann rufen die Bauherren: Jawohl eine Mauer! Damit die Menschen bald sich völlig frei bewegen können! Muß, wer einen Turm bauen will, nicht auch zuerst ein tiefes Loch graben? Die Fundamente, die Zeit der Entbehrungen. O Demagogie der Dialektik. Das muß alles erzählt werden.

Nach dieser sogenannten Wende habe ich öffentlich gesagt und mehrfach, daß nun die wichtigen Bücher über das Sonderschicksal der sechzehn, siebzehn Millionen Deutscher endlich geschrieben werden können. Das löste vielseitige Verwunderung aus, ob ich denn allen Ernstes diese DDR-Literatur fortsetzen wolle, wurde ich gefragt, man hatte meine geahnte nötige Literatur viel weniger literarisch genommen, Dostojewski hatte keinen anderen Stoff! Eine andere Fraktion schwieg so beredt, daß man es hörte; ihr energisches Desinteresse an dieser Literatur – fürchteten sie Identitätsfindung zur Unzeit? Verkippen von Millionen Schicksalen ist eine Scheinlösung, und womöglich ahnt man es heute schon ein wenig mehr als vor drei Jahren. Daß man in Sachsen die Pflaumen »Zwetschen« zu nennen beginnt und den Fleischer »Metzger«, es ist noch nicht die volle Verheilung der deutsch-deutschen Problematik.

Was für eine tiefunterkellerte Tragödie, wie die aufrichtigsten, mutigsten Streiter gegen jenes verirrte Regime doch nahezu alle selber einmal in der sogenannten Partei waren, unerbittliche Streiter pro und oftmals gar nicht so nominell. Alle haben sie die Stelle, wo das Partei-Lindenblatt gelegen hat beim späteren Bad im Drachenblut. Es verschließt den Moralisten unter ihnen den Mund, aber nur den Moralisten. Ebenjenen, die uns die ganze Tragödie erzählen können, die es vermögen. Dostojewski hatte keine anderen Stoffe, wie er aber sie belebt hat, beseelt. Weltliteratur.

Denn nur die Kunst kann es erzählen, sonst wissen wir es nicht. Wir wissen noch nicht, was wir erlebt haben zu Leipzig in jenen angsterfüllten, herrlichen Herbsttagen anno 89. Die schmalen Sandsteingewände der Seitenpforte der Nikolaikirche, durch die wohl ein jeder einmal gegangen ist in jenen Monaten, hinein in den hellen, menschenmassenfassenden Kirchenraum mit seinen lindgrünen Palmblattkapitellen hoch oben, die Gewände der engen Pforte sind noch nicht aufgeleuchtet, die Kunst hat es noch nicht erzählt. Wir kennen vorerst nur die Fakten.

Und was für eine umfassende Einbindung aller! Je länger die Stasiaktendebatte sich hinzieht – und es geht ja nun schon an die fünf Jahre, die knappe Hälfte der Einsichtswilligen soll auch schon Einsicht genommen haben –, je länger man das verfolgt oder davon verfolgt wird, um so öfter fühlt man sich an die NS-Zeit erinnert, die Jahre unter Hitler. Auch damals hatte Goebbels oder wer immer die Parole ausgegeben: Jeder Volksgenosse muß in den Kampf der Partei verwickelt werden existentiell, muß auf diese oder jene Weise mitschuldig werden, ob als Soldat, ob als Lehrer, Rüstungsindustriearbeiter, Staatskünstler, NS-Intellektueller oder einfacher Gestapospitzel; eine Clique Verantwortlich-Unverantwortlicher, und im Soge ihres Tuns und Lassens das Staatsvolk. Und ich finde, die Gründer des zweiten Tausendjährigen Reiches waren durchaus keine unbegabten Schüler, man besehe sich nur den desolaten gesellschaftlichen Zustand der älteren Bundesbürger ehemaligen Staatsvolks. Was da an Stoffen erzählt sein will! Um einen eben sich aufdrängenden Stoff aus dem breit dahinströmenden Strome herauszufischen: Unser ehemaliger Staats-Menschen Unter- bzw. Oberunterhändler vor Gericht. Spürt nicht ein jeder instinktiv, das kann kein Fall für die Justiz sein, ich meine für die Gerechtigkeit, es ist ein Stoff für die Oper, Staats-Oper und der Justizapparat als Buffo-Chor. Auch solches kann uns nur die Kunst erzählen.

Noch eine Kuriosität: Derjenige Teil der DDR-Literatur, der den Namen Literatur verdient und in Ehren, diese Literatur war eigentlich gegen den Staat geschrieben, gegen die DDR, real existierend; ein merkwürdiger Fall einer Variante Staatsliteratur, und so weit ich sehe, hat er noch nicht einmal einen Namen, dieser Zwitter. Und noch eine kleine verdeckte Tragikomik sei hier erwähnt, eine Freischwimmschwierigkeit unserer Literatur, bedingt durch jene sozusagen in der Wolle gefärbte Politisierung aller Staatsinsassen. Die Parteilichkeit des Dafür brachte uns einstens das Künstlermotto: Zuerst bin ich Genosse, dann erst Schriftsteller. Ich glaube, dem Genossen Scholochow war das abgelauscht; darauf folgte nun und zeitversetzt, je nach Schicksal spiegelverkehrt, und wie gesagt, womöglich gar nicht immer bemerkt, eine Literatur: Zuerst einmal bin ich kein Zeitgenosse oder keiner mehr und dann erst Schriftsteller. Aus solchen Zwangsvorstellungen mußte sich ein jeder auf seine Art und Weise befreien.

Zudem lebten wir im Land der Treue; dort macht man lange, sehr lange weiter in der gewohnten Bahn. Und dann macht man das Gegenteil.

Es waren Moralisten, jene, die um die Würde des Menschen wußten, die in der DDR immer wieder aufgestanden sind und die dafür natürlich bezahlen mußten. Viele Talente kamen von unten, von ganz unten, das ist ein weiter und lebensgefährlicher Weg. Und Gnade dem Talent, dem die Gabe lebenskluger Geschmeidigkeit nicht in die Wiege gelegt war, politische Strömungen müssen clever benutzt werden, unsere Lebenszeit hat uns dieses vorgeführt. Und wer unbedingt zu einem Ziele will, muß eben auch einmal ein Stück mit einer dreckigen Karre fahren; man kann sich ja danach umziehen.

Nun hört man vielerorten eine Verwunderung, wie doch die ehemals so Prosperierenden wiederum prosperieren. Zu verwundern ist da nur unsere Verwunderung; warum sollen sie nach ihrer sogenannten Wende andere Menschen sein, als sie vor ihrer sogenannten Wende gewesen waren? Clevere Lebenstüchtige, lebenstüchtige Clevere, immer mit den Umständen geschmeidig Hand in Hand, und eine gewisse Portion Skrupellosigkeit gehört nun mal zur Cleverness, wie die Begabung, der Fleiß oder notfalls die Umtriebigkeit. Sie haben niemals von einer besseren Welt geträumt, die zu verbessernde ist immer die ihrige. Und verwandte Seelen grüßen sich schon aus der Ferne, das gilt auch fürs Deutsch-Deutsche.

Der Menschheit Würde ist in eure Hand gegeben ... Ja, was macht man mit solcher Rede, wenn man durch eine postmoderne Installation von Bildender Kunst läuft, oder man sitzt im Theater vor einer Installation eines dramatischen Textes durch einen namhaften Installateur. Die Redezeit ist bemessen, einem jeden Zuhörer drängt sich wohl genügend Bildhaftes auf zu meiner kargen Andeutung. Sparten moderner Kompositionskunst von akustisch groteskem Avantgardismus um jeden Preis sollen hier nicht unterschlagen werden. Seien wir praktisch, reihen wir uns ein und sagen einfach: Schillers Maßstab, ein von der Nachpostmoderne überholter, ein falsch gewordener Maßstab.

Zeigt die literarische Sprache nicht ein erstaunliches und bewundernswertes Beharrungsvermögen in Qualitäten der Tradition? Sonst hätten literarische Ready-made-Maker womöglich schon obsiegt über Lyrik und Prosa, schrille Vokale akustisch ausgestellt als das Neue oder die Buchseiten ihrer Bücher zufallsgeneratorisch mit Konsonanten gefüllt, die derzeit auf den Charts ganz oben stehen. Der Menschheit Würde. Dieser übergeschäftstüchtige Bestseller-Zirkus, der dem nun wahrlich verbesserungsbedürftigen hiesigen Verlagswesen samt Buchhandel übergestülpt wurde, befremdlich, mehr als befremdlich für einen Menschen wie mich, wie auch jene hektisch zappelnde Mickey-Mouse-Kultur von crime and sex, die uns aus allen Fernsehkanälen entgegenquillt. Es muß aber noch nicht das letzte Wort sein in Sachen TV-Kultur. Denn in Bälde könnten uns neuen Bundesbürgern ja nicht nur Spielfilme und Sportsendungen von einem Waschmittelkonzern präsentiert werden, sondern auch Zeit und Nachrichten oder das Wort zum Sonntag, wenn erst einmal nicht mehr die Werbung in die Sendungen eingebaut sein wird, sondern, Klartext, die Sendungen in die Werbung.

Hans Christian Andersens Geschichte von des Kaisers neuen Kleidern wurde geschrieben vor anderthalb Jahrhunderten, aber sie scheint sich noch immer nicht überall herumgesprochen zu haben. Und wie wir uns von den hundert Abenteuern des Don Quichotte immer nur seinen Kampf mit den Windmühlenflügeln merken können, so reden wir immer nur von dem naiven Rufe des Kindes, der Kaiser habe ja nichts an! »Die Stimme der Unschuld«, heißt es bei Andersen, »und der eine flüsterte es dem anderen zu, was das Kind gesagt hatte.« Aber neun Zehntel der Parabel handelt von zwei Filous, die sich Gold und Seide und Orden und ein feines Leben verschaffen als pfiffige und erfindungsreiche Betrüger; und selbst Hochanständige bringen sie in seelische Bedrängnis, denn wer möchte schon gern sein Amt verlieren?

»Wer nicht geschunden wird, wird nicht erzogen«, das antike Motto hat Schillers namhafter Weimarer Freund über seine Autobiographie gesetzt. Nun, wir sind Erzogene, aber die Schinderei kann solche Ausmaße annehmen, da ist die Erziehung schon wieder gefährdet. Ich weiß, wovon ich rede, und mancher hier im Raum wohl auch. Unbequeme Talente. Wie hat man die unbequemen Talente gedemütigt, direkt und indirekt, verängstigt, mit materieller und seelischer Not bedrängt; oftmals ließ der Stolz schweigen über Behandlung, die das Selbstwertgefühl zerstören sollte, die Kreativität. Und immer wieder gab es Hilfe, oftmals unerwartet und Solidarität. Und glückliche Umstände, das Unwägbare.

Unter dem Wort »schinden« liegt übrigens noch eine feine Doppelbedeutung: Wem nicht Haut um Haut abgezogen wird, der wird nicht zu sich selbst gebracht.

Und denken wir nicht gering von unserem Beruf. Ein Buch, ein Roman etwa, und die Beleuchtung unserer so unübersehbaren und geschäftigen Derzeit ist eine andere. Die Literatur vermag uns zu erzählen, und sie wird ihre Leser und Zuhörer finden unter denen, mit denen umgegangen wurde, weil ja mit ihnen umgegangen wird und ganz zeitlos. Literatur hat einen langen Hall, was hat Friedrich Schiller von uns gewußt, als er von der Würde des Menschen in der Hand des Künstlers gesprochen hat? In zwei, drei Generationen, sagte Heinrich Mann, wird es so gewesen sein, wie der Stärkste von uns es dargestellt hat. Ein unerhörtes Wort, man blicke zurück!

Unserer Generation wurde es wahrlich nicht leicht gemacht, darum am Ende meiner Rede noch ein paar Worte von gerechter Entlohnung für Lebensleistungen jener, durch deren Arbeit das Wort Schriftsteller heute seinen Klang hat: Lessing ist 54 Jahre alt geworden, Kurt Tucholsky starb mit 45, und in der Überzeugung, völlig gescheitert zu sein, Bürger mit 47, Uwe Johnson ist 49 Jahre alt geworden, Johannes Bobrowski 48, dem Bertolt Brecht fehlten 7 Jahre an der Rente am Ende, Heinrich von Kleist hat 34 Jahre gelebt, Stifter immerhin 63, Joseph Roth ist gestorben mit 45 und so elend und menschenverlassen wie etliche der hier Genannten. Franz Kafka starb im 41. Lebensjahr, Thomas Bernhard hat das Alter von 58 Jahren erreicht und so weiter und so fort. Künstlerische Lebensleistung und Honorar im Sinne von ehrenvoller Pensionsberechtigung. So ein Beruf ist das. Schiller wurde übrigens 46 Jahre alt.

»Wenn du im Land der Träume dich verweilet«, versetzt der Gott, »so hadre nicht mit mir.« und »Verscherzt ist dem Menschen des Lebens Frucht, solang er die Schatten zu haschen sucht, solange er glaubt an die goldene Zeit, wo das Rechte, das Gute wird siegen.« – »Es ist nicht draußen, da sucht es der Tor. Es ist in dir, du bringst es ewig hervor.«

Alles Friedrich Schiller und wie für uns geschrieben; wir haben wieder mal »gehascht«, und nun »hadern« wir wieder mal. Es war das Erträumen einer besseren Welt, womit wir wieder bei unserem Thema wären.

In Schillers großem Gedicht an die Künstler aber heißt es wenige Verse nur hinter denen von der Würde des Menschen in der Hand des Künstlers: »Fern dämmre schon in eurem Spiegel das kommende Jahrhundert auf!« Im Werke eines jeden großen Dichters sind Entdeckungen zu machen, immer neue Entdeckungen.

Wir haben zu danken, auch und nicht zuletzt für Ermutigung und die Würde der Stunde.

QUELLENVERZEICHNIS

Etwas Völkerpsychologie. In: Sinn und Form, Heft 2/1993, S. 273ff.
Der Alte Rudolph. In: Malerbilder, Aufbau Verlag, Berlin und Weimar 1989, S. 41ff.
Der Regenbogenpapiermacher. In: Sinn und Form, Heft 6/1986, S. 1203ff.
Zu Uwe Johnson. In: Sinn und Form, Heft 2/1990, S. 346ff.
Hörsaal 40. In: NDL, Heft 1/1994, S. 62ff.
Ein Gedenken. In: Freies Gehege, Literaturbüro Leipzig e.V., Leipzig 1994, S. 84ff.
Der Traum von einer besseren Welt. Dankrede, gehalten anläßlich der Verleihung der Ehrengabe der Schillerstiftung im November 1994.
Alle anderen Texte werden in diesem Band erstmals veröffentlicht.

RECLAM-BIBLIOTHEK

Franz Fühmann
Marsyas

Mythos und Traum

Herausgegeben von Jürgen Krätzer.
480 Seiten. RBL 1449. 24, – DM
ISBN 3-379-01449-4

Im Mythos fand Franz Fühmann eine Möglichkeit, »individuelle Erfahrung an Modellen von Menschheitserfahrung zu messen«. Stets verhandelt er im Überlieferten auch unverkennbar heute Bewegendes.

Aus dem Inhalt: Prometheus. Die Titanenschlacht. Marsyas. Der Geliebte der Morgenröte. Das Netz des Hephaistos. Baubo. Hera und Zeus. Das Ohr des Dionysios. Kirke und Odysseus. Die Schatten. Traumnotate. Das mythische Element in der Literatur.

In der RBL lieferbar von Franz Fühmann:
Barlach in Güstrow, RBL 487. 15, – DM.
Saiäns-fiktschen, RBL 1076. 3, – DM.

RECLAM-BIBLIOTHEK

André Müller s./Gerd Semmer
Geschichten vom Herrn B.

Gesammelte Brecht-Anekdoten

104 Seiten. RBL 1498. 14,– DM
ISBN 3-379-01498-2

Von Freunden, Feinden, Geliebten, Schülern, wirklichen und angeblichen Mitarbeitern Brechts stammen die *Geschichten vom Herrn B.* Mit der Versicherung, sie hätten sich »genau so zugetragen«, erzählen sie die Begebenheiten den Herausgebern, die auf diese Weise von den meisten Geschichten mehrere Fassungen erhielten und pointenreich knapp aufschrieben. 200 »Geschichten« werden im Buch präsentiert, in denen sich Brecht verschmitzt, geistreich, voller Hintersinn und Überraschungen zeigt.
Seine Launen, Gewohnheiten und Absonderlichkeiten werden ebenso sichtbar wie ein gut Stück seiner Kunst- und Weltsicht. Man begegnet dem Klassiker in der Zeit, als »Herr B. ein Knabe war«, ebenso wie in seinen »Lehrjahren«, im Exil oder bei der Theaterarbeit am Berliner Ensemble.

RECLAM-BIBLIOTHEK

Hanns Cibulka
Am Brückenwehr

114 Seiten. RBL 1490. 16,– DM
ISBN 3-379-01490-7

Das wiederum schmale Cibulka-Büchlein ist bei allem Nachsinnen über brennende Probleme der Gegenwart, zuallererst durchwoben mit wunderschönen poetischen Bildern. Angriffslustige, von Lebenserfahrung gespeiste »Politika«, vervollkommnen das Vergnügen beim Lesen.
Auch da, wo die Düsternis und Traurigkeit der verfallenden Vaterstadt und von nicht zu liftenden Leben durch die Zeilen glimmern, blickt man gern mit dem Autor in Gesichter und innere Biographien der ihm zwischen Leipziger Nikolaikirche und tschechischem Jägerndorf begegnenden Menschen.
Die Aufzeichnungen tragen unverkennbar starke autobiographische Züge. Eine linear von Tag zu Tag sich fortschreibende Autobiographie aber ist das Buch nicht. Das macht es zusätzlich empfehlenswert.

Heinz Stade

In der RBL lieferbar von Hanns Cibulka:
Ostseetagebücher, RBL 1398. 16,– DM
Thüringer Tagebücher, RBL 1457. 16,– DM